U0057329

與吳京（左一，時任成大校長）等人受邀參訪東沙島。（1995）

訪美國姊妹校北科羅拉多大學，合影於副校長黃茂樹（左一）家；右二為教育學院教授Dr.Gene Hall。（1996）

拜訪美國華盛頓大學，與單文經教授（現為澳門大學教育學院院長）攝於西雅圖。（1996）

前總統李登輝蒞臨花師視察。（1994）

拜訪英國夏山學校校長Zoe。（1999）

薄霧中的白金漢宮。（1999）

革命實踐研究院卅六期與蔣緯國將軍合影
中華民國七十二年八月廿二日於陽明山莊

參加革命實踐研究院第36期，於陽明山莊舉辦之研習活動。（1983）

向哲學大師K.Popper請益。（1986）

子軒自市立師院附小畢業時，
手捧市長獎，與師院校長及父親合影。（1987）

剛考上台大經濟系的子軒，
與母親在凡爾賽宮花園開心合照。（1993）

陳伯璋主任致贈紀念品予哈爾濱師範大學教育訪問團趙鶴齡團長。（2008/9/25，郭志昌攝影）

香港教育學院校長張炳良博士等一行七人，與本處陳主任及研究人員合影。（2009/1/9，郭志昌攝影）

韓國教育課程評價院金院長率團參訪國家教育研究院籌備處。（2009/10/22，郭志昌攝影）

兩岸三地校長學術研討會學術訪問團，蒞臨籌備處參訪。（2009/10/26，郭志昌攝影）

在上海華東師大舉辦的國際會議中，與美國名課程研究教授W.Doll相見歡，左為國北師課程所所長莊明貞教授。（2000）

令人嘆為觀止的敦煌沙漠！（2003）

在UCLA與名教育社會學學者P.McLaren教授及其琳琅滿目的收藏合影。（2005）

偕同陽明大學洪裕宏教授，於美國威斯康辛大學麥迪遜分校，與台灣留學生座談。（2005）

Vision

一些人物，
一些視野，
一些觀點，
與一個全新的遠景！

寧靜致遠

教育者之師
陳伯璋

魏柔宜 著　陳伯璋 審訂

【推薦序】幸得英才而教之

黃昆輝（前總統府祕書長）

我在教育界服務已超過半個甲子，而與陳教授結師生之緣，轉眼間已三十多年。一九七四年，他在台灣師大教育研究所擔任我的專任研究助理，同時也是我指導的碩士班學生。不僅如此，我還是他與盧美貴教授結為連理時的「證婚人」，更高興的是，去年我也見證了他兒子的婚禮，這段師生情緣始終不間斷地延續著。

他擔任研究助理期間，不僅工作認真負責，更在師生之間扮演重要的橋樑。此外，他對於教育學術研究的投入，頗獲師長們肯定。教育研究所畢業後，他以優異的成績留校服務，並且繼續完成博士學位，開始爾後的教育學術生涯。

他在台灣師大服務期間，喜歡探討新的教育研究課題，同時也不斷擴展它的學術領域，例如在課程方面的研究，他很早就提出「潛在課程」、「課程美學」

研究的重要，更將當代社會學、哲學的發展融入其中，這在課程研究方面頗具創新性。之後，他首開風氣，針對教育量化研究方法的批判，提出行動研究與質性研究的必要；而他對「夏山學校」等另類教育的引介，更是不遺餘力。

原本一心想朝學術研究方面發展的他，在特別的機緣下，走上行政的道路。從一九八九年擔任台灣師大進修部主任，到花蓮師範學院校長，以及退休後擔任淡江大學教育學院院長，後來在鄭前部長瑞城的力邀下，又回到公部門擔任「國家教育研究院籌備處主任」，可以說，二十多年來已與行政工作結下不解之緣。

行政工作雖不是他最原初的選擇，但因他為人敦厚、廣結善緣、勇於創新，因而工作績效卓越，屢獲師長及上級長官的讚賞。例如他在台灣師大擔任進修部主任時，不僅為各類教育人員提供各種進修管道，如學分班、巡迴班、夜間班、週末班，也對師大的財務改善及經費挹入，貢獻頗多。又如，他任職花蓮師範學院校長七年中，創立了國內首屈一指的「多元文化教育研究所」、「民間文學研究所」、「原住民教育研究中心」，花蓮師範學院的學術發展在他的領導之下，可說令人刮目相看。

教育是一種實踐的事業，「服務」則是檢驗理念、行政執行的最佳試金石。陳教授多年來參與民間教育改革及宗教慈善事業，充分發揮了「教育人」的積極影響，可說是難得的「跨界」人才。所謂「廣種福田」、「只問耕耘不問收穫」，真是他最好的寫照。

近幾年來，他投入行政院「教育改革諮議委員會」，推動教育改革工作，隨後又加入「九年一貫課程」改革的行列，不僅在政策層面秉持教育專業者的風範，有為有守；也在推動方案的建言上，充分融入政策執行中。目前，「國家教育研究院」的籌備任務，在他盡心盡力、排除萬難的推動下，已接近完成的階段。相信在不久的將來，「國家教育研究」將可正式運作，為教育研究奠定長久的基石。

個人有幸見證了陳教授這三十多年來，「一步一腳印」地為教育事業努力播種的過程，也深信他為教育工作者樹立了良好的學習榜樣。欣逢陳教授傳記付梓之際，樂綴數語為之序，也為能有這樣一位傑出的學生，深感欣慰。

【推薦序】相識相惜三十載，培生育才終身志

吳清基（教育部部長）

自陳教授擔任國立台灣師範大學教育研究所黃昆輝所長專任助理至今，我們相識相惜已超過三十年；陳教授不論從學習、研究，乃至於奉獻教育工作，為人誠懇、認真、負責，為學更身體力行賈馥茗教授的「蹲馬步」精神，不求名利、只問耕耘不求收穫，又不斷在學術上追求突破、創新，結合教育理念與實務，陳教授對教育界及國家的貢獻，實為所有教育界同仁學習之楷模。

在學術上，陳教授前瞻性引進創新研究課題，以為國內教育品質改進參考，包括「潛在課程」、「行動研究」、「質化研究」等；社會服務方面，積極參與民間教育改革活動與另類學校之設立，包括森林小學、毛毛蟲學苑及華德福學校等，此外更對公益及宗教團體的參與不落人後，例如法鼓山及行天宮活動等。

教育行政工作上，歷任國立台灣師範大學進修部主任、國立花蓮師範學院校長、淡江大學教育學院院長，後於鄭部長瑞城力邀下擔任「國家教育研究院籌備處主任」，負責成立階段的籌備工作；在國家教育研究院籌備近十年之際，業排除各種阻力，初步完成研究院定位及組織架構。可預見在不久的未來，將在陳教授的領導下完成法定程序，讓暌違已久的國家教育研究院正式成立，為全國教育政策形成貢獻良策，可喜可賀。

欣聞陳教授「前傳」即將付梓，相信本書可提供學生、家長、教育界同仁及有志終身投入教育的工作者，深入瞭解台灣教育改革及學術發展的脈絡，並學習陳教授為人處世的規準。

【作者序】亦狂亦俠亦溫文

魏柔宜（本書作者）

不知聊到什麼，陳伯璋教授靦腆地笑了笑。溫文儒雅的談吐、不疾不徐的語調、浪漫如詩人般的遣辭用句，當你就這麼認定他是個謙沖含蓄的書生時，可別被他冷不防拋出的批判性字眼，以及眼中半嘲弄半銳利的目光，弄得瞠目結舌。

是的，這就是我訪談了一年有餘的陳伯璋教授，亦狂亦俠亦溫文！溫文、中庸是形諸於外的行事風格，而蘊藏在內心與思想中的，卻是澎湃奔騰的狂放與俠氣。

多年來，他對於教育界的弱勢與另類族群，不遺餘力予以關懷、協助；對於社會上的不公不義，毫不保留提出批判與質疑。但是實際行動時卻能顧全大局、不躁進。也就是說，他的內心浪漫、熱情，行動卻務實、冷靜。所以他常自嘲，像個精神分裂的人！

如此這般的「精神分裂」，卻讓他整個人鮮活了起來，同時平添幾許任真自得的況味。

訪談中，陳伯璋教授每每談到興頭上，總會冒出幾句驚人之語。他說得倒是坦坦蕩蕩，但我在書寫過程中，卻不得不遮遮掩掩，以免旁生枝節。除了得捏把冷汗，為他「擦脂抹粉」外，還有另一項挑戰：必須自行揣摩、衍繹。

與筆者之前寫過的兩位學界傳主黃炳煌教授與黃政傑教授相較，陳伯璋教授可謂「省話一哥」。一句話可以說完的，他絕不多說兩句。甚至當你以為，這個問題應該可以讓他大作文章了吧！結果，你才剛調整好一個舒服的姿勢，準備洗耳恭聽時，他已經講完了！

幾次下來，我慢慢發現，其實省話一哥也不是那麼難開金口。有時，我的渾身解數使盡了，閉嘴低頭記錄時，他就會隨興地再這裡說一點，那裡補一些。於是我又理解到，他的思考模式是自由、多元，且瞬息萬變的。他雖然寡言、慢條斯理，但是思緒飛快，不習慣被局限在某個特定問題上太久。

這就像是他多元寬廣的求知欲，在「課程與教學」這塊專業領域之外，他對於哲學、社會學、宗教學，以及經濟學都頗有興趣與涉獵。在他的週末派清談年代，與各校各系的英雄好漢，不斷撞擊出無邊無際的想像空間；當他在美國密蘇里大學與英國倫敦大學進修時，也常「不務正業」，汲取諸多學術以外的人生精髓。

但這卻苦了我，他不是任思緒天馬行空奔馳，就是答案遠比問題短。過於跳躍式的思考或過於「只可意會不想言傳」之處，我就得努力揣摩，設法找出他的話裡玄機或是弦外之音，以厚實傳記的深度與長度。終於，從二〇〇九年年初的冬末，到二〇一〇年年初的冬末，地球都已經繞太陽轉了一圈，這本傳記才告完成。

去年晚秋時節，在細雨紛飛中，我走訪了一趟坐落在三峽的國家教育研究院籌備處。在寬敞素樸的主任辦公室內，不擅營造英雄色彩的陳伯璋主任，與屬下的互動完全沒有距離、沒有層級。員工們左一聲右一聲，親切自然的「主任好！」讓人充分感受到彼此的尊重與和諧。這位熱中教育社會學學者的風範，在此展露無遺！

與生俱來的流動性性格，讓他對於人生中任一階段的位置，都絲毫不戀棧。他不只一次告訴我，雖然許多人都認為，國家教育研究院正式成立後，身為推手的籌備處主任，理應擔任首任院長，但他卻不作如是想。他為自己定下的階段性任務是「協助成立」，一旦成立，他就可以功成身退，奔向不受羈絆、有更多可能性的自由天地。

在謎底揭曉前，無論抉擇是什麼，陳伯璋教授都已打完一場辛苦卻甘美的戰役；而對我來說，這三百多個與這樣一位令人崇仰的學者互動的日子，又何嘗不是一次豐美的靈魂與文字成長之旅。

【楔子】存在先於本質

陳伯璋（國家教育研究院籌備處主任）

小時候很喜歡聽故事，初中以後迷上傳記，高中讀到史懷哲傳時，受到很大的感動，於是告訴自己，在未來的生命當中，一定要效法那樣的精神。但對於立傳一事，卻不曾出現在腦海中，也覺得那還是很遙遠以後的事。

沒想到歲月如梭，日子就在求學、教學、研究學術、出國進修、擔任行政職，以及結婚生子、為人夫為人父中，像陀螺般不斷地向前轉動，倥傯間竟已來到耳順之年。那些從指縫間流失的歲月，雖已化成一張張在親情、友情、人情中迴盪的照片，但總覺得還不到整理照片的時候。如果不是高新建教授邀約作傳，根本沒有意識到，已經到了該回顧過去的時候了。

法國哲學家沙特說：「存在先於本質。」他認為，人生就像一張空白的畫布，隨著時光流轉，一點一滴的線條逐漸彩繪成一幅畫。彩繪我這一生的畫作，雖然已逐漸成形，但尚有數筆未知的人生風景等待入畫。

我的人生畫布上，第一筆畫下的是我的雙親。打從孩提時代，即隨著父親變動不定的工作四處遷徙。在我的成長歲月中，他雖帶給我許多負面示範，卻也因此給了我一心想扭轉此悲劇的反向教育。但父親其實還是關心子女前途的，他為了給我們兄弟更好的讀書環境，將我們從鄉下帶到高雄，讓我在都會區完成小學高年級，以及初中、高中的學業，也因此讓我的一生有了不同的面貌。而母親那種容忍、奉獻、犧牲的精神，讓我在面對逆境時，有了容忍與包容的力量。

接著，上蒼在我的人生畫布畫下了我的妻與子。妻子美貴樂觀、積極、善與人處的特性，提供我更多接觸不同教育領域夥伴的機會。同時，我也從她身上學習到「嘴要甜、臉要笑、腰要軟、腳要快」的處世哲學。當我在與博士學位進行長期抗戰時，她三不五時戲謔地叮嚀我：「夫差（ㄔㄚ）呀，夫差（ㄔㄚ）！」藉此敦促我要加緊腳步，不斷往前衝。而今行至中年後期，頓感少年夫妻老來伴的可貴。兒子子軒的誕生，讓我經歷了寶貴的父親角色經驗，從而使我的人生更圓滿。他們兩人真是我生命中的奇妙恩典！

我本是一個平凡的鄉下孩子，沒想到居然也能當上大學校長，這樣奇妙的境遇，都要感謝我整個求學過程的多位恩師。初中時期的陳博文老師，不斷鼓勵我們這些第二志願初中的學生，要努力拚上第一志願高雄中學。當我繳不出補習費時，他非但不予追究，還進一步到我家中關懷。在他的疼愛與鼓勵下，使我對念書產生了興趣與信心。

高中教我彈鋼琴的王先覺老師，讓我的人生從黑白鍵彈出彩色的篇章，也使我的升學壓力得到撫慰，進而有了奮進的力量；而教數學的蔡自忠老師，讓我感受到「教育無他，愛與榜樣而已。」他一堂課擦掉五條手帕，汗流浹背的情景，感動了我們這群原先想放棄數學的文組學生，最後以亮麗的數學成績考上國立大學。

大學以零點二五分的差距，與我心目中的第二志願英語系失之交臂，而進入教育系。原本打算在大二轉系，卻因教育概論方炳林老師的啟蒙，感受到教育園地是那麼地吸引人，因而下定決心留在教育系，並繼續鑽研這個領域更高的學問。

研究所的恩師黃昆輝，則是我投入教育志業的「重要他人」（significant others）。黃老師為人處世圓融、認真、負責，不但堪稱是位經師，更是一位人師。他除了對我愛護有加，也對我的家人極為關懷；而從博士論文指導教授林清江老師身上，我學習到名實相符的教育家風範。林清江老師能夠全方位掌握事物的觀察，且思考敏捷、處事明快、劍及履及。

一向喜歡廣結善緣，並且崇尚君子之交的我，有幸在人生各個階段，結識許多志同道合的友人。高中時期的好友朱邦賢，不僅與我意氣相投，且讓自幼對完整家庭特別渴慕的我，從他的家庭中感受到了圓滿；大學時期來自各路英雄好漢的週末派清談之友，打開了我教育領域之外的學術之眼，也奠定我批判、挑戰的精神；而在花師任職校長期間，認識了一些民間友人，如林進裕、蔡子盛等人，從他們身上，我親炙了教育的實踐智慧。尤其林進裕所說的：「朽木不可雕，卻可以欣賞。」為我上了「天生我才必有用」的一課。

教改時期結識的李遠哲院長曾志朗部長、黃榮村及牟中原教授等人，也對我多所啟發。他們對教育改革的熱情與投入，卻讓我省悟到，教育不應該囿限於專業領域，而應該由產、官、學三方面集思廣益、共襄盛舉。而在民間教改方面，深受黃武雄、朱台翔、史英等人的毅力與決心所感動。

人生真是一段美妙的旅程，緣聚緣散，青山依舊在，幾度夕陽紅。原本不打算立傳的我，在細數往事的過程中，才深切體會到「凡走過必留下痕跡」。而幫我將這些痕跡串聯成書，則要感謝魏柔宜小姐。多虧她觀察入微、文筆細膩，才能將我片斷、零散的記憶，補綴成一本完整可讀的書。尤其在她的耐心、熱心與催促下，屢次把我從水深火熱的忙碌中拯救出來，讓我有片刻悠閒，娓娓道來。

柔宜曾打趣，這本傳記應該只是前傳。對此我不敢多想，如果上天能再假我二十年，讓我繼續貢獻一已之力，也許有後傳的可能，但這一切隨緣了。只希望他日若有後傳，柔宜能再為我的後傳執筆。

其次要感謝盧蘇偉的推薦，以及寶瓶的慨然應允出版，當然，亞君和怡年的悉心編輯，才讓這本書更具可看性。最後我還要特別感謝所有未在本書出現的師長、親友，他們在我的人生軌跡中，具有不可磨滅的意義。

目錄

第一章　流動的成長歲月

屏東糖廠日式宿舍外，錯落著幾棵枝葉繁茂的大榕樹，還有成排筆直高聳的椰子樹。大榕樹下，乘涼的居民有一搭沒一搭閒聊著，最後一批蟬在樹縫間叫得此起彼落。

九月已進入尾聲，照說，燃燒了一整個夏季的豔陽，也該消消火氣了。但是南台灣的天空依舊燠熱得讓人瞇起了眼，頻頻拭汗，即將臨盆的陳美更是痛出了一身大汗。折騰了大半天，終於「哇！」的一聲，一個紅通通的男嬰出生了，男嬰嘹喨的哭聲，蓋過一波波的蟬鳴。

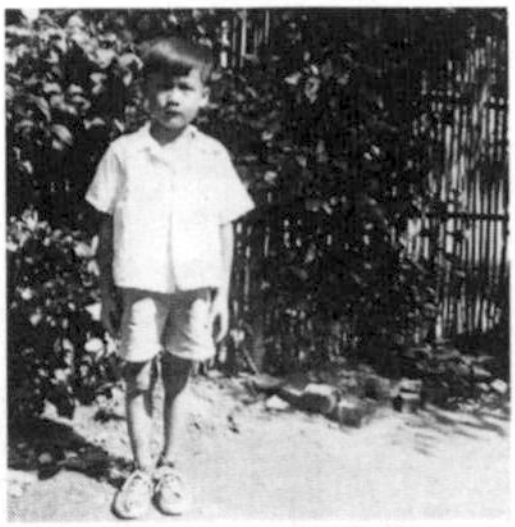

竹籬笆前的小不點。(1955)

這是一九四八年九月二十九日，屏東南州糖廠一戶陳姓人家喜獲麟兒。受過日本時代高等科教育的一家之主陳錦文，為這個長子取名為伯璋。「『弄璋』代表生男孩，伯仲叔季的『伯』代表長兄，所以『伯璋』就是長男的意思。」名字的主人如是說。不過，母親卻為他取了一個親切的小名：「阿將」。

愛恨交織父子情

「印象中，糖廠裡面有一條清澈的溪流。」淙淙流水聲，至今仍依稀響在陳伯璋的記憶中。潺潺溪流、日式建築、榻榻米、沁涼香甜的冰和糖……那是個好冰、好甜的幼兒時期。

「我可以說是吃冰、吃糖長大的。」在那個物資普遍不充裕的年代，糖和冰是在糖廠生長的孩子們，最令外人稱羨的便宜零嘴。四歲以前住在屏東糖廠日式宿舍的阿將，也就這麼甜滋滋地度過。

然而，甜在口裡的懵懂期一過，當阿將能夠解事以後，日子就過得不再那麼甜蜜，甚至有一絲苦澀。

起初是因為不斷的搬遷，讓他無法與鄰居、同學建立穩固的友伴關係，而感到落寞。「爸爸離開糖廠以後，在農田水利會擔任水田巡守員。」這個工作經常要到各地巡查農田，並協助農民解決問題。因此，他們全家就跟著父親四處遷徙。「在一次颱風過後，爸爸奉命協助滿州鄉受災的農田，所以我們匆匆忙忙搬去滿州。」滿州位在比恆春更偏遠的地方，有「小墾丁」之稱。

在滿州住不到半年，父親又調回南州，不久又調到屏東市。他們一家就像候鳥般，每個地方停留半年到一年。「我小學念過五個學校：潮州國小、四林國小、大同國小、中正國小和鹽埕國小（位於高雄市）。」

來不及適應環境，來不及對周遭人事物建立熟悉感，來不及讓友情成長茁壯……讓他感到些許寂寞，同時也對他的人格造成很大的影響。「這種流動性和移動性，和後現代主義的精神一樣，也就是不可能完全固定在一個地方很久。」和許多喜歡在某個地方安身立命的人不同，陳伯璋一向不甘於、不安於一成不變的生活。「流動性正好適合我的性格。我覺得，到哪裡生活、工作，都是一種難得的體驗。」

童年時期初嘗的苦澀滋味，並不全然和缺乏固定玩伴有關，最主要是父親對待母親的方式。「抑鬱不得志的爸爸，經常對媽媽拳腳相向。」碰到這樣的場面，他不是驚恐地瑟縮在一旁，就是抱著母親哭。

高等科畢業在當時算是學歷不低，原本和同學一起到高雄闖天下的父親，卻因為二二八事件在當時鬧得滿城風雨，一些台籍精英紛紛受到程度輕重不一的波及。為了明哲保身，父親和友人只好返鄉避風頭。回到較沒有發展機會的屏東南州後，經媒妁之言，與同鄉的陳美成親，並在南州糖廠覓得一個臨時編制的雇員工作。

在糖廠工作四年後，父親轉任農田水利會巡守員。這份工作同樣也不是正式員額，因此薪水不高，未來也沒有保障和福利，而且必須四處奔波，每換一個工作地點，一家大小就得跟著搬遷。後來，父親為了孩子的學業，索性辭去巡守員的工作，舉家搬到高雄市，並開始做些小生意。

「爸爸雖然很聰明，但是工作運始終不佳，所以心情鬱悶。」家裡開的一片小電器行，生意清淡。抑鬱不得志的父親，常借酒澆愁，甚至迷上賭博。當滿身酒氣、口袋空空的父親回到家時，母親難免嘮叨幾句，一聽到母親說些不順耳的話，他就當場飽以老拳！對於父親的施暴，母親也只能和著淚水與委屈，一個勁兒往肚裡吞。

「爸爸是我的負面教材，從他的身上我警惕到，日後不但不碰賭博，還要為家人儲蓄，而且要對老婆非常好！」這是一面教導他反向操作的鏡子，為了不複製這樣的「破碎家庭」，他不僅未曾涉足賭博場所，連逢年過節親友聚會，邀他玩個撿紅點，都被他拒絕。而且他對另一半的情感始終如一，不要說暴力相向，連重一點的話，他都捨不得對妻子說。

因為爸爸，我更堅強

父親結束電器行的生意後，就離開家接些打游擊式的工作，過著居無定所的日子，常常好幾天看不到人影。後來他陸續在屏東大武山林場，以及花蓮玉里林場工作時，更是經常一年半載才回家一趟。對於兩個小兄弟來說，與其看到一個常常欺負媽媽的爸爸，倒不如久久見到爸爸一次。

哥倆好！（1964）

父親對母親雖然沒有什麼情感可言，但是對孩子的教育卻非常關心。「小學五年級時，爸爸為了我的升學，決定搬到比較發達的高雄市。」他不希望因為城鄉差距，耽誤了這個成績優異的長子。「爸爸對我們兄弟的期望很高，他是屬於權威式的教育。小學時期很怕爸爸，因為他會打我們；升上初中，他已經不打我了，頂多罵一罵。」對於父親一時興起的責罵，阿將以消極的方式面對。「就是逃避，盡量少和他碰面，反正他也不常回來。」

高中考上第一志願高雄中學後，父親更是期望他日後讀醫學系或法律系，但偏偏他喜歡文學類的科系。「高二決定選文組時，爸爸的希望宣告破滅！」這也是他唯一一次與父親面對面的抗爭。

在阿將記憶中也有些比較溫馨的片刻。「住在屏東時，爸爸曾騎著日式腳踏車，載著我和弟弟去市區看電影。」年紀較小的弟弟，坐在前面特地架上的小椅子，他則坐在後面的位子。「我緊緊抱著爸爸的腰。」小臉蛋兒貼著父親厚實的腰背，沿途的風景像倒帶般，從眼前慢慢向後轉，那一刻，「我覺得好高興，好滿足喔！」幸福就環繞在他抱著父親的小手中，打人的父親、哭泣的母親都暫時遠離了。

念高中時，阿將參加筆友學會，結交了一位住在日本的女孩。當他以英文寫好一封信，準備寄給日本女孩時，日文造詣頗佳的父親，為了幫兒子給對方一個驚喜，自告奮勇幫他翻譯成日文。這些溫馨而美好的回憶，因為父親的經常缺席或是抑鬱寡歡，而變得像是吉光片羽般珍貴。

「爸爸對我的影響也不全然是負面的。」他從父親的流動性性格，以及多方嘗試的作風，學習到「從各個角度看事情」。同時，「爸爸關心孩子教育的態度，也值得我學習。」

雖然沒有按照父親的心願從醫或當律師，但是當他四十出頭當上花蓮師範學院校長時，父親還是露出了欣喜滿意的笑容。遺憾的是，在他擔任校長任內，父親因酒後騎摩托車撞上小貨車的意外事故而受重傷，半年後病逝於高雄醫學院附設醫院，過世時才六十九歲。由於父親和家人疏遠已久，他們對於父親的過世，心中的遺憾多過哀慟，母親也只是淡淡地惋惜著：「怎麼會是因為車禍走的！」

屏東香蕉巷門前的父子倆。（1967）

對於父親，陳伯璋心中已無怨無憾，他讓自己學會了，避開父親所有曾經讓家人痛苦的行為。所以成年後，他建立了一個令人稱羨的幸福家庭，不僅一家三口都是博士，都在大學任教，而且感情十分和諧融洽。這樣一個神仙眷屬般的家庭，總算彌補了他在成長歲月中，來自原生家庭的缺憾；而父子間淡薄的關係，也讓他很早就明白，要努力讀書出人頭地。「由於和爸爸的關係很淡薄，我瞭解到無法依靠爸爸，所以從小就立志要好好讀書，一切都要靠自己。」

母親的委屈與容忍

說起母親，陳伯璋的情感揉合了依戀與疼惜。母親是那種逆來順受的個性，大半輩子都在容忍。容忍父親的家暴、外遇、收入不穩定；容忍婆婆的挑剔、苛責。「媽媽一生當中，可以說都沒有過過好日子。結婚後就因為婚姻不幸福、生活沒保障，以及和婆婆相處不融洽，而始終落落寡歡。」唯一的精神寄託就是兩個兒子。

為了貼補家計，她四處打零工，受雇種田、種菜，到有錢人家幫傭，到旅館打掃、在菜市場裡賣紅豆餅等。小學時期的阿將，就懂得幫母親分擔工作的辛勞。「我曾在市場幫媽媽一起賣紅豆餅。」他也曾自告奮勇，要母親列一張採購清單，由他去市場買菜。連母親受雇去田裡幫忙，他也跟著母親一起去，「坦白說，我那時年紀太小，根本幫不上什麼忙，我是為了那一碗豐盛美味的鹹粥而去的。」農家主人為了慰勞大家的辛勞，常會煮一大鍋配料豐富的鹹粥招待大家。小小阿將雖然幫不上什麼農事，倒是可以幫忙吃一碗好吃的粥。「那一碗香噴噴、熱騰騰的鹹粥，對那時的我來說，可是難得的美味呢！」

由於對鹹粥的記憶深刻，小學四、五年級隨祖母上市場買菜時，當祖母說要煮鹹粥，他還能一一說出該放哪些配料。「我記得阿嬤當時非常地訝異！」除了那碗鹹粥，母親也有許多拿手菜讓他回味不已。「媽媽的廚藝很好，尤其是她包的粽子、炒的米粉特別好吃！」母親用月桂樹的葉子包出來的粽子，散發著讓人忍不住一嗅再嗅的月桂葉香氣。

相較於對父親的懼怕與逃避，與母親的相處就輕鬆多了，母子間也能無話不談，不過，母親卻很少提起她的委屈。受到母親影響，成長後，陳伯璋也養成了很高的容忍度，「每當我遇到針鋒相對的場面，總會告訴自己，忍一下吧！也不是誰一定對，誰一定錯。」即使真的被惹火了，頂多不與對方私下往來，但是在工作上，還是就事論事。「就算我對某些人真的很生氣，不想和他們多說一句，但碰到和對方專長有關的事，還是會聽聽他們的見解，不會先入為主排斥他們。」

母親不怨天尤人，靠自己養活孩子的堅強個性，也讓他相信，命運是自己可以掌握的。因此他努力念書，力爭上游。

從一流高中考上一流大學頂尖學系後，他北上住在學生宿舍，母親和弟弟、祖母則搬回屏東家鄉。早已不知去向的父親，久久才出現一次。

「我成家後，媽媽一直很希望能夠和我住在一起。」目前與弟弟一家同住的母親，也曾與他住過幾個地方。「我在花蓮師範學院當校長期間，曾經接媽媽過來與

擔任花蓮師範學院校長期間，
與母親造訪花蓮高商曾主任夫妻。（1998）

與母親在曾主任的鳳林農園合影。（1998）

我一起住；後來在淡江大學當教育學院院長，也曾接媽媽過來住，可是，淡水又濕又冷的氣候不適合老人家，所以媽媽住了一年就回屏東。」目前他在位於三峽的國立教育學院籌備處擔任主任，母親在年前曾到三峽住了一陣子，但還是因為氣候問題住不慣。

「很遺憾無法滿足媽媽的心願，和她長久住在一起。」孝順的他，一直都在想辦法接母親過來同住，無奈工作地點的流動性大，所以母親只得像早年嫁給父親時，隨著工作地點四處換居所。不同的是，母親現在有兩個選擇，住不慣大兒子居住的城市，就回到屏東老家和小兒子住。

雖然沒能長侍母親左右，但他還是抽空帶母親出國到日本九州旅遊了一趟。「四年前的冬天，我帶媽媽去日本玩，她生平第一次看到雪，興奮得不得了。」想到母親那難得一見的笑容，以及日趨年邁的身影，陳伯璋若有所思地說：「我還要說服她再來三峽住。」

童年片段

打從一出生，祖母就與他們住在一起。由於祖父過世得早，祖母又只生了父親一人，因此將全部的希望都寄託在父親身上。沒想到，父親工作不順遂，又經常賭博、在外面漂蕩，祖母忿忿地給父親取了一個不雅的稱號：「臭雞蛋！」意指一枚壞掉、毫無用處的雞蛋。

祖母既對不成材的兒子不滿，也對要賺錢養家、養孩子，又經常被兒子拳腳相向的媳婦，無法疼入心底。「印象中，阿嬤很喜歡打扮，也很注重養生，辛辛苦苦賺錢的母親，偶爾會嫌祖母浪費錢。」這也許正是婆媳不和的主要原因。

母親外出工作時，就由祖母照顧年幼的孫子。「阿嬤常帶我去附近的曬穀場玩，當我在那裡開心地爬來爬去，常常會爬得嘴上沾滿『有機物質』（雞屎是也）！」吃「有機物質」至少沒有危險性，但掉到大水溝可就不妙了！四、五歲左右，他有一回和鄰居玩瘋了，竟然撞到水溝邊的鐵條，「砰！」的一聲，滿臉血痕掉落大水溝中。被大人救起來後，送到醫院縫了好幾針，左眼眉毛上方的疤痕，至今依舊清晰可辨。

年紀再大一些，他就跟著鄰近的孩童，到溪流邊或田埂裡釣青蛙。「我們用肉末當餌，青蛙一咬住餌，就要趕緊拉起來，然後用準備好的網子套住青蛙。」由於青蛙的動作很靈活，所以「連續動作要很扎實。」（陳伯璋這麼形容著，自己也笑了起來。）釣到的青蛙帶回家交給母親後，就變成一鍋很好吃的青蛙湯或炸青蛙。在溪邊撈到的蜆仔，經過母親的巧手處理，端上桌又是一道佳餚。

挖地瓜和花生烤來吃，更是當地小孩有吃又有得玩的消遣。「地瓜和花生收成後，總會殘留一些在田裡，於是我們就去把它們挖出來，然後再堆個土窯，生火烤熟了吃。」糖廠運送甘蔗的小火車，也成了頑皮小童們補充零嘴的地方。當小火車在鐵軌上緩慢駛來，埋伏在四周的小孩們，就衝上去抽出車上的甘蔗大快朵頤。在那個常常吃不飽的年代，小朋友的遊戲似乎大都和吃有關。

不過，抓蟋蟀倒純粹是為了好玩。「我們在田邊找尋蟋蟀出沒的洞，然後對準洞口尿尿或灌水進去，牠們就會爬出來，這就是『灌肚猴』。」他們還玩泥巴，用樹葉摺水蜻蜓，用廢紙摺紙船。「我們把泥巴搓成一坨，用力甩在泥土地上，甩出一個凹洞後，別人就負責甩另一坨泥土來把它填平。」

在各種童年零嘴當中，有一種讓他至今回味起來，還忍不住偷偷嚥了一下口水。「那是屏東特有的零嘴——把醬油膏、薑汁和甘草粉、糖粉調和在一起後，用番茄蘸著吃。」

童年時期雖然也曾玩得很盡興，但在一年搬一次家的情形下，無論是和同學或鄰居的友情，都還來不及穩固。唯一小他三歲的弟弟，也不太能玩在一塊兒。兄弟倆的個性和興趣差很多，再加上進入小學以後，他的成績始終名列前茅，而不喜歡念書的弟弟，常常因為成績不如哥哥，受到父親責罵。這樣的差異性，也造成兄弟倆情感上的隔閡。

阿將小學五年級暑假，父親為了他的升學，舉家搬到高雄鹽埕區，此後就一直住到他高中畢業。也是從這個時候起，他才有了穩定的友伴關係。

「念鹽埕國小六年級時，班上有位同學的爸爸經營一間『大舞台戲院』。我們常有機會受邀去看免費的電影。」那時，台灣盛行日本片，小戲迷阿將看了不少紅極一時的日本片，如《請問芳名》、《愛染桂》、《里見八犬傳》，以及黑澤明的《宮本武藏》等。不僅讓他大開眼界，也重溫了父親曾帶給他的難忘的電影回憶。

大約是念高中的時候，母親因為兒子們日漸成長，先生又長年在外流浪，寂寥下，領養了一個小女娃——陳慧卿。「我還幫她換過尿布，抱著她玩呢！」這個小妹妹，是母親解悶的伴，和他的成長歷程完全沒有交集。「我小時候因為缺乏玩伴，個性比較內向。」一直到考上高雄中學，除了有揚眉吐氣的感覺，也交到幾位好友，他這才漸漸開朗起來，一掃沉默寡言、落落寡歡的青澀少年模樣。

師大畢業典禮後，與弟弟合攝於師大校園孔老夫子像下。（1971）

第二章　相愛何須常相守

考上師範大學教育系後，陳伯璋離開高雄，北上住校，母親、祖母及弟弟妹妹們，則搬回熟悉的屏東家鄉。

由於過去念的都是男校，成長過程可以說沒有和女生相處的經驗。沒想到，班上的同學卻是陰盛陽衰，除了九個男生以外，其餘全是女生。「我大一時，一看到女生就臉紅，開口和她們說話常結結巴巴。」害羞小生說。

在野柳風景區相偎相依。（1973）

才子才女相見歡

大三那一年，他接下系刊主編的職務，在幾位熱心參與的學弟學妹中，他注意到認真投入、思路敏捷、個性親切隨和的學妹盧美貴。班上男同學們也都在一旁敲邊鼓：「盧美貴不錯啊！要不要追她？」含蓄的陳伯璋希望慢慢來，先觀察一陣子再說。其實，他早就對這個學妹心儀，只是臉皮薄，不好意思發動攻勢。

同學們看他老半天沒動靜，催促著說：「這麼好的女孩你不追，會被別人追走喔！」的確，那時不僅她班上的男同學欣賞她，也有學長對她表示好感。臭皮匠們還幫他設計了一些可以獨處的場景，以及可供搭訕的橋段。

妻子盧老師的畢業旅行。（1971）

某次，校刊剛送進印刷廠進行後製作業，錦囊中已塞滿追求妙計的陳伯璋，向盧美貴使出第一招——一起去印刷廠校稿。盧美貴同意後，大大方方與喜不自勝的陳伯璋步出校園。

校完稿時間尚早，於是他又施展第二計，提議一道用餐。用餐畢，換第三招——一起看場電影，「記得我們第一次看的電影是《魂斷藍橋》。」兩人都被那淒美哀絕的劇情，感染得離情依依。為了表示紳士風度，當然，也為了爭取更多和學妹相處的時間，他又提議護送她返家，於是他們從台北一路搭火車到盧美貴位於板橋的住處。

第一次獨處的感覺很不錯，兩人相談甚歡，許多觀點不謀而合。更難得的是，兩人同樣對宗教的思維抱持熱忱。「我們都是師大中道社（佛學社團）的成員。」大學校園內的宗教性社團，主要是以思想而非宗教的角度出發。陳伯璋看到室友大多加入中道社，於是也跟著參加。「也許是思想受到啟發，我那些中道社的朋友，後來大多再進修碩士、博士，如今都有很不錯的發展。」大二那年暑假，他與社友一起赴台中「雪廬老人」李炳南所創辦的「蓮社」，參加佛學研習營。

「我最欣賞佛家的『轉識成智』這句話。『識』只是一個片段、局部，並非真理，應該追求更高的影響，即圓通的智慧。」他進一步闡述，就好比在大海裡撈魚，所撈到的魚對大海來說，根本微不足道。「做學問就像在智慧的大海撈魚，所得到的學問（魚），和圓通的智慧（大海）不成比例，但是，一般人卻自以為掌握了許多。」

認識了同為中道社社員的盧美貴後，大三暑假，兩人相約參加佛光山的大專生佛學夏令營。不僅在佛學夏令營儷影雙雙，遇有雙方班上辦的郊遊活動，或是系上辦的學術活動，都會邀對方一起參加，相處的機會越多，他就越欣賞盧美貴的熱心、外向、人緣好，能夠體諒別人等特質；而盧美貴則對他的才華洋溢讚不絕口。「他會寫詩、會編刊物，鋼琴彈得又好，像個多才多藝的書生。」盧美貴說。

校園情侶的態勢明朗化後，其他的勁敵也就知難而退。穩定交往了一年，他們就把對方介紹給父母。一向對外省人沒有好感的陳父，唯一的疑慮是：盧美貴的台語說得怪腔怪調，「她是不是外省人啊？」盧美貴的父親在台灣出生長大，雖然祖父是遠從江西省到台灣開拓的「外省人」，但是下一代已經完全被本省文化同化。她的父親滿口道地的台語，家鄉話一句也不懂。

盧美貴之所以台語說得「不輪轉」，主要是因為她從小學五年級起，就住在位於板橋婦聯二村的姨丈家。在眷村一住十多年，平日所用的語言清一色是國語，對台語的印象早已褪色。

說起盧美貴小小年紀就離家，獨自與姨丈一家人同住，其實是有段迫不得已的苦衷。「她父親以前經營礦場時，由於礦災，擔負了刑事責任而入獄。」家中頓時失去依恃後，她的母親帶著年幼的弟弟妹妹，從原本居住的平溪，搬遷到更偏僻、房租更便宜的三峽附近居住。為了不耽誤這個一向很會念書的長女的學業，於是將她送到家裡全是壯丁的妹妹家。

幸好姨丈、阿姨，還有幾位表弟都對她很好，所以度過了並不晦澀的成長歲月。「我去板橋拜訪過她的姨丈幾次，他是位熱心爽朗又健談的軍人。」陳伯璋對於他古道熱腸的爽朗個性頗有好感。見過她的姨丈幾次後，才正式拜訪她的父親。「她的父親後來在河合鋼琴擔任廠長，也是一位了不起的人物。」

雙方父母都見過之後，接下來就要議定婚嫁了。民國六十三年六月，陳伯璋服完兵役後開始上研究所一年級，而盧美貴在光榮國中任教時，兩人決定攜手共度一生。「我想，既然兩年的兵變考驗都能熬過，以後就不會有問題了。」陳伯璋打趣說。他服兵役的地點在偏遠的高雄縣林園鄉，而盧美貴實習的學校則在台北縣三重市，但是，時空的距離阻擋不了相思的魔力，「一有假期，我就連夜坐夜車到台北找她。」

見不到面的日子，只有靠密切的魚雁往返撫慰相思。「我們那時寫的信，到現在都還保留下來，並命名為『白梅小札』。」盧美貴說。白取自「伯」，而「梅」是盧美貴的小名。「白梅小札」裡，收錄了他倆自交往伊始就開始寫的情書。「他很會寫詩，信裡大都吟詩作詞。」盧美貴甜滋滋地說著，興味盎然地頂了陳伯璋的手肘一下說：「大學時，大家都叫他『詩人』呢！他就是一副書生的模樣！」說到這兒，她促狹地補了一句：「不過，現在胖了，不像書生了！」浪漫的兩人，後來還將他們的家命名為「愛盧」，這個「盧」字當然就是指「盧」囉！

胼手胝足度新婚

婚禮在屏東老家舉行。在鄉下地方舉行的婚禮，自然要依照傳統習俗進行。舉凡以竹篩護著新娘頭的迎娶儀式及入門的禮俗，全都熱熱鬧鬧按照規矩上場。老家巷

儷影雙雙遊旗山。（1973）

子裡以辦桌的方式舉行宴席，受邀參加的賓客大都是親戚及老鄰居們，「還有我的初中導師陳博文和幾位高雄中學的好朋友。」為了方便台北的親戚朋友，及兩人的師長、同學參加，他們除了在屏東舉行婚禮及婚宴外，也在台北、板橋先後設了喜宴。

結婚後，小倆口在木柵的三義新村賃屋而居。「那是個一房一廳一衛的房子，租金一千元，以盧美貴月入一千九百元的薪水來說，負擔滿大的。」陳伯璋那時是師大教育研究所碩士班一年級的學生，僅有一份工讀性質的工作，月入約七百五十元，對家庭的經濟幫不上什麼忙。兩人只好勒緊褲帶過日子。

「由於三重的物價比木柵便宜些，為了省幾塊錢，盧美貴每天下課後，總是先在三重買好菜，再擠公車回家。」那時盧美貴已身懷六甲，大著肚子上課，搭車往返已經頗辛苦，還要拎著大包小包的魚肉蔬果。「想起來真的很感動！她真是個賢內助！」

「剛結婚時買不起新電視，只好到萬華的舊貨市場買二手貨。」那台既大又笨重的老式黑白電視機，他一路搖搖晃晃，差點閃了腰，才千辛萬苦地扛回木柵。

升上研究所二年級時，幸得許勝雄學長的推薦，接替他在研究所擔任全職研究員的工作，收入一下子增為一個月兩千元。「許勝雄考取公費留法後，向教育研究所所長黃昆輝，推薦我接替他的工作。」有了這份工作，家中的經濟才稍微寬裕些。

在木柵三義新村住了半年多，盧美貴的大學同班同學黃政傑，找他們一起在師大分部附近的萬盛街，合租一棟寬敞的日式住宅。合租的除了黃政傑夫妻，以及當時尚單身的研究所同學蔡典謨、涂崇俊外，還有黃政傑的小姨子及盧美貴的妹妹。八個人住在擁有四個房間的日式住宅中，倒也溫馨和樂。

「盧老師常以黃政傑當楷模，說他會幫老婆洗衣服、做菜，好體貼喔！」這番帶點酸味的撒嬌，說得他不得不為自己的「大男人」尷尬。事實上，盧美貴的廚藝全是他傳授的。中學當過童子軍的他，學會烹飪許多道菜餚，「一開始，我邊做菜邊教她，等她學會了，我就找機會放手讓她做。」盧美貴在一旁不平地說：「我們眷村裡，都是疼老婆、幫老婆做家事的男主人！」在眷村長大的她，剛開始並不清楚，大多數本省籍家庭，因為受到日本文化的影響，大部分的家事都是老婆一手包辦。所以她眼中不夠體貼的陳伯璋，比起有傳統思想的本省籍老公，已經很體貼了！

「她還嫌我不會幫她撐傘，過馬路不會牽她的手！」即使處在濃情密意的戀愛期，害羞小生還是不懂得利用下雨的機會，和佳人共撐一把小傘相依相偎，而是傻傻地抓著自己的傘。過馬路時也是一馬當先，往往他已經站在紅燈的那頭，她卻還在斑馬線上，為他的不解風情嘟起了嘴。不過，這些撒嬌成分居多的責怪，倒也平添兩人相處的趣味。

他們夫妻倆財務分配的方式，也與其他夫妻大異其趣，「我們家是各管各的帳，但是家中共有的開銷則平均分攤。」雖說平均分攤，但也不是算得很精細。近年來，服公職的一家之主收入銳減，因此有時會跟妻子撒嬌說：「現在妳的收入比我高，總不能還要我平均分攤吧！」妻子卻不甘示弱地調侃他：「你身為一家之主，可是我從來沒有拿過你一毛錢哩！」鬥嘴歸鬥嘴，卻也不曾為了財務傷和氣。

我家的「Sonday」

婚後第三年，也就是一九七六年的五月五日，寶貝兒子子軒在這棟熱鬧的日式住宅中誕生。母親從屏東北上幫媳婦坐月子。後來因家中還有次子及其他家人需要照顧，只好由岳母接手。陳伯璋將妻子及兒子送到大溪岳母家繼續坐月子。滿月後，盧美貴回到工作崗位，子軒則留下來給外婆帶。因為陳伯璋既要忙研究所的課業，還有一份全職工作；而妻子除了教書，也開始準備考研究所，無暇分神照顧奶娃兒。「我母親那時就經常利誘我們，說她願意免費幫忙帶家中第一個孫子。」盧美貴說。於是她努力拔得頭籌，母親當然也就欣然接下照顧孫子的重任。

每逢週末假日，夫妻倆總是風雨無阻趕到岳母家，與寶貝兒子小聚。「別人的Sunday，是我們的『Sunday』！」

子軒滿五歲以後，夫妻倆就把孩子帶回台北。這時他們已經搬離住了兩、三年的萬盛街日式宿舍，標會買下一棟位於景美辛亥路、二十三坪左右的房子。「還記得這間房子總價四十萬，自備款十五萬。」隔壁還住了赫赫有名的畫家梁鼎銘。後來又為了便於讓兒子念師大附幼，於是賣掉這間房子，另外買師大附近，位於雲和街的住處。

「子軒剛接回來那段時間，我們稱之為『打擊魔鬼』時期！」離開熟悉的阿嬤及鄉間天寬地闊的環境，他非常不能適應，經常大哭大鬧，兩個大人束手無策，甚至無力感深到想和孩子一起哭。「我們常感嘆，他是阿嬤的兒子，不是我們的兒子。」

哭哭鬧鬧大約兩個月左右，孩子才慢慢接受這個新環境，接受要跟爸媽、而不再是阿嬤一起生活的事實。「那一段時間，大人、小孩都適應得好辛苦！所以我後來都會勸人，非到萬不得已，最好還是自己帶孩子。雖然比較辛苦，但是不會產生隔代教養的難題。」

子軒接到台北以後，起先念師大附幼。每天早上，父子倆手牽手散步到離家不過數分鐘的學校上課、上班。下午再由在市立師範學院（今改名為市立教育大學）擔任助教的盧美貴接回家。到了學齡期，子軒念市立師範學院附設小學；那時盧美貴已取得碩士學位，在市立師院擔任講師，並兼課外活動組組長。

子軒一放學，就跑到媽媽的辦公室找她，盧美貴在帶課外活動時，子軒也夾雜在其中一起活動。也許是自小就常和資質頗佳的大哥哥、大姊姊互動，以及學教育的爸媽教導有方，子軒在小學就是個跳級一年的資優生。「孩子表現優秀，主要和媽媽的引導與教育有關。」陳伯璋毫不居功地說。盧美貴也接著說：「這就好像一個球員兩個教練。」

除了父母都用心外，學幼教的盧美貴還認為，這和子軒從小就聽她講許多床邊故事，以及他後來自己看了許多故事，而受到啟發有關。「另外，和師大附幼及師院附小開放的教育風氣也有關。」從小學三年級跳級到五年級的子軒，並沒有適應上的困難。「他從小就喜歡找大孩子玩。」尤其在媽媽所帶的課外活動中，早已習慣與大哥哥大姊姊互動。

一個球員兩個教練

子軒小一開始學鋼琴，本身會彈鋼琴的陳伯璋，常常會驗收兒子的學習成果。但他並不知道，此舉已經對子軒造成壓力。當他升上小學三年級時，有一次委婉地告訴爸爸，他想改拉小提琴。陳伯璋納悶地問兒子，為什麼鋼琴學得好好的，要改學小提琴？「我想接觸不同的樂器。」子軒說。他心想這也不壞，於是答應了兒子的要求。「後來才知道，他改學小提琴是為了脫離我的魔掌！」因為他不懂得小提琴，就不會對兒子有過度的要求。

「從兒子學琴這件事，我徹底體會到，『易子而教』的確有其必要性！」在某方面有專長的父母，教子女那方面的技能時，在「望子成龍、望女成鳳」的心態下，難免會要求較高，管教較嚴格。

子軒學了兩年小提琴，當陳伯璋到英國進修，他立刻將小提琴束之高閣，也一併將古典音樂塵封，改學吉他，改聽搖滾樂。「爸爸媽媽常常不在家，那一棟七十多坪的大房子，常常只有我一個人，有時覺得好陰森恐怖，所以想聽熱鬧的搖滾樂，改變一下氣氛。」這是子軒的心聲。

在子軒的求學過程中，媽媽花的心血似乎比爸爸多。不但是學校或老師或甚至是班級的選擇，媽媽都有自己的主張。「她總是想透過各種可以利用的管道或人脈，為孩子安排一個更好的環境。」這一點是他與妻子難得意見相左的地方。

「我的想法是Let it be!讓他自己去奮鬥！」陳伯璋認為，不需要什麼都幫孩子打點好，應該讓他自己去歷練，去接受考驗。「即使失敗了，也是很重要的經驗。放在溫室裡的教養方式，並不是一個好的教養方式。」但是這樣的想法，往往換來妻子：「你都不關心孩子！」的怨言。

笑一個，看看有沒有父子臉？
（子軒小六時攝於阿里山，1980）

美墨邊城天橋上的一家三口。（1990）

在中國這個講人際關係的社會，如果放著現成的人脈不用，不為兒子的前途著想，似乎顯得不通情理。一直到現在，由於他數度位居高階管理職，每當有人為了某人、某事說項時，他總是很為難。「我渴望公平，遵循一定的rule，不願意因為某甲想安插的人，而把原本有能力的人拉下來！」

即使天資聰穎，即使有爸媽守護，子軒的國中依舊念得很不愉快。「簡直就像水深火熱。」他這麼形容。他那時要帶兩個便當上學，一個中午吃，另一個留到傍晚課輔的時候吃。每當兒子抱怨國中生活的水深火熱，他們總是勸兒子，再忍耐一些，上了高中就會好多了。結果，當兒子考上師大附中後，便海闊天空地悠遊在自由的學習風氣中，惹得和媽媽熟識的導師，不得不跟她說：「叫妳的兒子不要把高一當成大一在念。」

幸好兒子天資聰穎，即使抱著輕鬆的心情念高中，畢業後還是考上台大。只不過，經濟系並非他的志趣所在。「還記得他跟我說了一個笑話。新生訓練時，有新生問：『念經濟系將來要做什麼？』學長開玩笑回答：『當國防部長呀！』」（因為那時，從台大校長轉任國防部長的孫震，是經濟系出身的。）

兒子原本志在法律系，但以三分的些微差距擦身而過。經濟系雖然不是他的首選，但因為有很好的學長制，在學長們的關懷鼓勵下，他也就沒有轉系的念頭。一直念到大四，才到新聞研究所旁聽彭文正老師的課。

在旁聽的過程中，益發覺得大傳對他的吸引力頗大，因而決定進修新聞研究所。父母雖然覺得，經濟系的出路更寬廣，但也尊重孩子的選擇，「不過，我們建議他，如果以考試的方式，不見得贏得過那些科班出身的考生，不如以推甄的方式試試看。」

推甄考量的是：大學四年在校的成績，以及未來的研究計畫、相關的作品與表現。對於這一方面頗有心得的媽媽，於是卯足勁擔任兒子的軍師，並且著手和兒子出版一本「母子手札」。就這樣，子軒在博士父母的加持下，順利甄選上台大新聞研究所。

「在子軒念研究所時，結識了緯來體育台的記者，並且兼任緯來體育台的外電記者，負責翻譯體育新聞稿。」最讓陳伯璋津津樂道的，便是二〇〇九年兒子在緯來體育台「美式足球超級盃」擔任球評一事。

外公、外婆與奶奶到成功嶺探視寶貝孫子。（1997）

陪兒子走過情傷

取得碩士學位後，子軒追隨彭文正老師的腳步，也到美國威斯康辛大學麥迪遜校區攻讀博士學位。「他另外還選修了教育學系知名教授Michael Apple的課。」Michael Apple是陳伯璋好友黃政傑的博士論文指導教授，陳伯璋當年到美國進行學術研究時，經由黃政傑引薦，與Michael Apple有數面之緣。「我在花蓮師範學院擔任校長，以及在淡江大學擔任教育學院院長時，曾邀請他蒞校做學術演講。」對於子軒選修教育學系的課，不僅陳伯璋感到欣喜，Michael Apple對這位大傳系的博士生也大表歡迎。

有了教育學的底子，父子倆於二〇〇六年共同完成一萬多字的研討會論文——課程美學的實踐。這雖然是目前為止，父子倆唯一一次攜手合作的學術論文，卻也讓他在體會到各種學問相通、相融之餘，經歷了與兒子互信、互重的美好合作過程。

兒子當初要到美國留學時，陳伯璋原本言明，只資助第一年的費用，以後要自己想辦法。不過，愛子心切的媽媽，還是繼續資助第二年的費用。「前前後後一共花了兩百萬左右。」第三年起，因為學雜費減輕許多，再加上他在學校打工，以及幫指導教授做研究，薄有零星收入，也就沒有再拿父母的錢。「他本來就是個不會亂花錢的孩子，生活費夠用就好，沒有其他額外的開銷。」

子軒修大眾傳播博士學位，雖不排斥日後進入媒體的可能，但在大學教授父母的感染下，覺得在大學教書也不錯，因此較傾向於進入學術圈。二〇〇五年他一獲得博士學位，即返台擔任世新大學新聞學系助理教授。

說起這個資優生獨子，在學業上從未令父母操心過，倒是失戀期間的消沉、抑鬱，讓他們既心疼又擔心了好一陣子。「交往了七、八年的女友，後來因為生活際遇不同而漸行漸遠，最後協議分手。」這位在大學時期開始交往的女友，曾與子軒一起出國留學，那個女孩在取得MBA碩士學位後，便進入企業界工作。而子軒仍在美國念博士學位。等他學成歸國，兩人對人生的規劃與期待，已產生嚴重的歧見，不得不分手。

分手後，對情感十分執著的兒子陷入沮喪、失落的人生低潮期。「我們除了常常安慰、開導他，甚至還幫他介紹女朋友，希望藉此幫他走出情傷。」但都交往沒多久就分手。一次戀愛就成功的陳伯璋和妻子這才瞭解到，他需要的或許是時間的治療，「所以我們也就不再雞婆，放手讓他自己走出來。」

表面上，他們雖然不再過問兒子的情事，卻經常不露痕跡陪伴在他身邊，大約過了一年多，子軒才總算重展歡顏。這是他在養育兒子的過程中，堪稱最費心思的一段期間。

從兒子小時候起，他們家中的親子互動，一向是爸爸扮白臉，媽媽扮黑臉。每當媽媽責備孩子時，爸爸總在一旁打圓場。「為了兒子的婚事，母子曾數度鬧得不愉快。」由於二〇〇九年是孤鸞年，所以媽媽不同意兒子在當年結婚。尤其一聽到兒子說，不想拍婚紗照，也不想舉辦婚宴時，更是火冒三丈，氣得一、兩天不和兒子說話。兒子當然又去請爸爸出面當和事佬。「每次他們母子意見不合時，兒子就會來找我。」

白臉爸爸雖然不如媽媽和兒子相處的時間多，但也是將孩子疼在心裡。兒子小時候迷上蒐集棒球卡時，他趁著到美國出差的機會，花了一番功夫買到兒子想要的棒球卡。

其實，子軒對於婚事會有這種反傳統的想法，和他自小所受的家庭教育有關。「我們家的家事是三個人分工。」由於他們夫妻倆都很忙碌，希望教育兒子在生活起居上獨立一些。「子軒從小四開始，就負責拖地、洗碗。不過，我們會給他零用錢作為獎賞。」等到子軒開始工作賺錢，也被要求加入分攤家中經濟的行列。「原則上是均分，但是有些東西是以誰使用得多，誰就負擔得多些。」比方電視大都是兒子在看，買電視的錢就由他多出些。在如此開放、自主的環境中成長，也難怪子軒有不流於俗的結婚計畫。

在一家三口不斷地折衝、調整下，兒子子軒的終身大事終於在二〇〇九年十一月二十九日底定。媽媽放棄了孤鸞年不宜結婚的堅持，兒子也妥協舉辦婚宴。但是他又丟出不要男女儐相、不要花童、不要演奏結婚進行曲等難題，媽媽再度被兒子惹毛，爸爸照例出來調停。最後談到賓客名單，連一向扮演和事佬的白臉爸爸也差點加入戰局。最後以兒子、媳婦十二桌，老爸老媽二十四桌敲定。即使爸媽這邊佔了二十四桌的席次，還是免不了顧此失彼，讓陳伯璋對那些不及邀請的親友們感到抱歉。

結婚當天，整場婚禮溫馨感人，令人印象深刻，尤其證婚人教育部長吳清基感性真誠的致詞與親手寫成的對聯，更是把婚禮推向高潮。當天在座的還有數位前任教育部長，但都謙讓不上台致詞。原本盧老師打算安排更多位貴賓致詞，卻被兒子嗆：「又不是舉行演講比賽！」以及考量到時間有限，最後決定僅邀請和陳伯璋夫妻淵源深厚的恩師黃昆輝，和陳伯璋交情匪淺的現任教育部長吳清基，以及兒子媳婦服務的國立體育大學校長周宏室三位貴賓上台致詞。

原本老是把「是我要結婚，還是你們要結婚？」掛在嘴上的兒子，從父母親煞費苦心的安排與思考角度中，學習到結婚並非他和女友兩人的事，還要顧及父母的社會脈絡。「結婚其實是一種社會脈絡的重新建構，對新人的成長與日後發展都有影響。」陳伯璋有感而發地說。

這一場簡單隆重、溫馨感人的婚禮背後，歷經了兩代間時而勃谿、時而妥協，終至圓滿和諧的學習過程。

夫妻錯開念書期間

這個開放、自主的家庭中，父母及唯一的兒子都是博士，也都是大學教授。忙碌使他們平日幾乎碰不到面，因此，週末假日就是他們一家三口難得的聚會日。不僅平常見面難，連要吃到女主人親手烹調的食物也很難。剛結婚時，從未下過廚的盧老師，什麼菜也不會做，卻虛心學習，幾乎天天開伙，「我還教過她如何煎魚。」一直到她開始進修碩士、博士學位，工作及課業兩頭忙之後，就不再開伙了。

他們的住家離市場頗近，附近的小吃店林立。一家之煮於是從以前下了班買大包小包的菜回家煮，到後來變成下了班買大包小包的現成餐點回家吃。「吃膩外食時，我們有時也會抱怨，怎麼都是買外食？」但這也沒有辦法，女主人實在是心有餘而力不足！

「夫妻間就是要彼此體諒，相扶相持。」盧美貴早在光榮國中教書時，就開始準備考研究所，但是結婚時陳伯璋正在念研究所，「我們家是老公至上！」她打趣說。既然先生已經在念書，她就當對方的後盾，負擔絕大部分的家計和家務。「我念碩士時，她很辛苦地持家，讓我沒有後顧之憂。」等到陳伯璋碩士學位完成，她才開始攻讀碩士學位。

修博士學位的狀況也是比照這種模式，先等陳伯璋的博士課業差不多修完，開始寫論文時，盧美貴才開始念博士。兩人就這樣一路穿插著進修，等對方念得差不多時，另一方再去念。「不過，我倒不是一開始就計畫好要念博士。」她說。是後來受到師長們的鼓勵，她才決定修博士學位。對於妻子有興趣攀登學術巔峰，陳伯璋始終舉雙手贊成。

「我們的婚姻之所以歷久彌堅，就是建立在我們彼此互相扶持、互相體諒。」那一段最辛苦的時期，他們一起並肩走過，正因為這份深厚不移的「革命情感」，使得他們的婚姻越陳越香。

一直到現在，他們還能從對方身上，找到讓自己欣賞、學習的長處。陳伯璋欣賞妻子的善良、單純、沒有心機。「她有一個特點，你對她三分好，她就會回報你七分！」妻子善於鼓勵人，替對方著想的作風，也是促成他無後顧之憂、隻身在花蓮師範學院擔任校長七年的原因。「我的人生規劃原本只想當學者，走行政工作恐怕會涉入複雜的人際關係，而且時間會被綁住。」知道先生的猶豫，盧美貴於是鼓勵他：「試試看吧！人生會有不同的體驗！」

而陳伯璋深思熟慮、沉得住氣的特質，總讓盧美貴望塵莫及。「他對於看不慣的人事物，都不會立刻發飆，而且忍功一流。」說到這，他們不禁想起一段往事。

有一回，天花板上有一隻「旯犽」（ㄌㄚˊㄧㄚˊ，白額高腳大蜘蛛）」，他一看到世仇般的「旯犽」（初二參加童軍團的全省大露營時，熟睡中「旯犽」爬過頸項，結果腫了好大一圈，痛了好久才好），立刻抓張椅子墊腳，想打跑牠。情急下沒注意到那是一張有輪子的椅子，結果椅子一滑，歪倒在地，他重重地摔下來，膝蓋「叩！」的一聲，疼得冷汗直流，無法站起身。但因臉上的表情不多，妻子並不知道他摔得那麼嚴重。「後來到醫院縫了好幾針，拄枴杖拄了半年多！」想起他摔得那麼嚴重，卻依舊面不改色，她忍不住對另一半忍痛的功力大為嘆服！

陳伯璋不僅忍痛的功力一流，脾氣也是好得沒話說。「意見不合的時候就讓她吧！忍一下就過了！」連丈母娘也禁不住要為這個溫厚老實的女婿說話，「我媽媽

與妻子到大溪探望岳父岳母。（任花師校長期間，1997）

會叫我不要欺負他。」每次聽到自己的母親這樣說，她總忍不住抗議：「妳是我的媽媽，還是伯璋的媽媽呀？」

放風箏哲學

這麼多年下來，個性互補的兩人，從對方身上學習了不少。「她值得我學習的特質包括主動、積極、關心別人。」陳伯璋坦言，自己是個話不多、又不夠熱絡的人，若能像妻子般古道熱腸，「一定有助於提升人際關係。」不過，這對於個性天生就熱不起來的他來說，是有點知易行難。而他的「隨遇而安，放得下」則是讓妻子最佩服的特質。「我比較會窮緊張。」盧美貴坦白地說。

在他倆至今三十多年的婚姻中，有十多年過著相隔兩地的婚姻生活。「我們家的格言是：愛要讓他自由，愛就是讓他高飛。」盧美貴雖說得輕鬆，但卻走得腳步沉重。尤其她隻身去南部教書那幾年，每個星期返回台北一趟，當假期一過，陳伯璋送她去機場時，她總是哭得淚眼婆娑。

「我那時剛開始獨自一人離家，想到人到中年，還要為了五斗米，而不得不離開溫馨的家，就……」當飛機漸漸沒入雲層中，她臉上的淚水也乾得差不多了。機窗上映照出一張落寞的臉，雖然她身在雲端，卻沒來由地吟誦著：「……壯年聽雨客舟中，江闊雲低斷雁叫西風……」的無奈。

但這已是他們夫妻第二次相隔兩地了。早在陳伯璋去花蓮師範學院擔任校長時，留在台北市立師範學院教書及照顧兒子的盧美貴，就已經初嘗分離的滋味。不過，那八年由於她工作忙，以及要應付從青春期過渡到青年的兒子，總共只去花蓮探望過先生十一次。

對於無法朝夕相處一事，陳伯璋倒是比較看得開。「婚姻是長長久久的，夫妻每天生活在一起雖然是常態，但卻不一定必然。尤其感情已經穩固到某個程度，讓彼此有適度的空間也不錯。」篤信「距離產生美感」的他，不喜歡太黏膩的關係。

他認為表面看起來黏膩的關係，其實不一定能長久。「天天生活在一起，難免會有一些看不慣的地方，如果不能容忍這些細砂，就會產生更多的摩擦。」

「放風箏哲學」就是他們對於婚姻的豁達心態。「要讓風箏飛得更高更遠，必須讓它自由，但是那條線要牢牢地握住。」維繫他倆婚姻的那條線是互信互諒，以及對婚姻的承諾。「還有，即使我們沒有朝夕相處，卻天天通電話，分享彼此的生活經歷。」盧美貴補充：「愛就是要讓對方高飛，只要飛得安穩，又能給彼此展現理想的空間，又有什麼不好？」

對於朋友，他也是抱持「君子之交淡如水」的態度。「我喜歡與人保持一定的距離，不喜歡被綁住的感覺。」也許這是自小養成的「流動性性格」使然。

和這種不黏不膩的另一半相處，盧美貴的感覺是：「自在！」尤其近幾年來，她越來越能咀嚼出這種相處模式的況味。「一週有四天，我們各自為自己的興趣與志業投入，其餘三天相依相偎泡溫泉、爬山運動，與兒子共進晚餐，既能維繫濃情與親情，又能實現各自的理想。」不過，她還是希望「少年夫妻老來伴」。「等到我們唱和〈白髮吟〉時，不要再相隔山之涯水之湄……」

第三章　悠遊學海

初遇良師

小學時期的陳伯璋，就像一隻小小候鳥，幾乎每年要換一所學校。從屏東的潮州國小、四林國小、大同國小、中正國小，到高雄的鹽埕國小。遷徙得太頻繁，連記憶都還來不及成形，就已經走到了小學的盡頭。

「小五轉學到高雄市的鹽埕國小時，只記得這個學校的老師好嚴格，體罰很嚴重，同學們下課後都還要補習。」從屏東鄉下轉學到都會區的他，靠著自動自發的念書習慣，一下子就迎頭趕上，而且沒有參加任何補習。「我搞不懂這裡的人為什麼要補習，把課本的東西讀通不就可以了嗎？」

讓他搞不懂的事情還有，為什麼老師處罰學生都要採取「連坐法」？「明明就不是自己犯錯，卻要因為別人犯的錯（如考試成績不理想），而連帶受到處罰！」

老師體罰的方式五花八門，從棍子伺候到青蛙跳、沿著樓梯上下來回奔跑都有。安分守己、成績又不錯的他，每次在咬緊牙關、滿頭大汗的痛楚中，總是感到忿忿不平。

對於嚴厲的老師，他採取敬而遠之的態度。「倒是對校長的印象很不錯！」印象中，嚴肅但認真的校長蘇周儀，常常會到每個班級巡堂；碰到學生在打躲避球時，也會在一旁觀看。「感覺比老師還關心學生。」

很早就懂得用功讀書好出人頭地的他，放學後喜歡留在學校寫功課、看書。「雖然家裡也有地方看書，但總覺得學校比較有讀書氣氛。」功課寫得差不多，天色也漸漸暗時，他才收拾書包走十分鐘的路回家。

初中聯考時，雖然沒考上第一志願，但在當時名為「市立二中」的前金國中，卻遇上幾位好老師，以及相處融洽的同班同學。「教數學的陳博文老師是我們的導師，他除了關心我們的課業，還會詢問我們生活方面的事。」由於父親經常到學校和老師討論陳伯璋的課業。久而久之，陳博文老師進一步瞭解到，他的家庭經濟狀況並不是很穩定，因此格外予以關懷。

而他也因為老師的關懷，開始主動接近老師，碰到事情也會找老師商量。「老師對學生感染最強的不是教學，而是關心。」在老師的關心下，他的成績越來越好，不僅始終保持班上第一名的寶座，甚至是全校第一名。「而且每年都當模範生，也常當班長。」說起陳博文老師對自己的偏愛，陳伯璋也有些不好意思。

除了學業成績優異，他還參加過科展和作文比賽。但是，科展的素材是那位老師找的，實驗也都是老師在做，到了最後關頭，那位老師才找他一起參加。「那次的科展雖然得到第四名，但是我一直納悶，這個第四名究竟是老師得到的，還是我？」初二得到的科展第四名雖然名實不符，但作文比賽可就是真材實料了。

「教國文的程度老師，是一位來自大陸、很有學問的老師。」程度老師精通四書五經，常在課堂上吟誦古詩詞，並要求學生背誦唐詩三百首。受到程老師的啟發，他也開始學習寫作古詩及小品文。「課餘時間，程老師還會拿文章給我看，要我看了以後寫一篇讓他批改。」

在程度老師的特別眷顧下，陳伯璋看了不少好書、好文章，也有許多磨筆的機會，因而奠定了對文學的熱愛。「我曾投稿到《國語日報》，還被刊登出來。」對於那時，《國語日報》將《古文觀止》以深入淺出的方式改寫，定期刊載在報上一事，陳伯璋認為，「那可以說是功德一件！因為他們把深奧的古文，變成人人看得懂的白話文。」

童軍團的全方位學習

花蓮鯉魚潭全國童子軍大露營。（1963）

「初二的音樂老師是鼎鼎大名的蕭泰然。」雖然不曾和這位大師級的音樂老師擦撞出火花，但是他氣勢磅礡、神乎其技的鋼琴彈奏技術，卻讓這群初中生嘆為觀止：「原來鋼琴也能彈成這樣啊！」

至於只問課業成績不問其他的英文老師，陳伯璋倒是沒有什麼印象，英文也學得不如數學、國文出色。「夏山學校有個理念：『首先要讓學生的情緒得以抒發，等他們有了學習動機，學習才會比較有效。』」他以自己為例，就因為自己從情感上認同數學老師及國文老師，乃至於認同、接受數學、國文，因此學習成果比較好。想到這兒，他不禁強調：「知性的學習應以情性為基礎。」

初中時期還有一個永生難忘的體驗，「初二的時候，我參加童軍團的全省大露營。」由於陳博文導師帶領學校的童軍團，他身為老師的得意門生，當然也被老師網羅加入童軍團。初二暑假，他和同班好友黃元璋，一起獲選參加在花蓮舉辦的

「童子軍全省大露營」。雖是第一次離家，而且離家那麼遠，但在花蓮渾然天成的自然美景，與一個星期精采緊湊的活動中，他根本沒有餘暇想家。「我們把平常在學校所接受的童軍訓練，如炊事、求生技巧、打旗語、闖關等，統統運用出來。」雖然在每個學期末時，團長陳老師也會帶領他們到戶外進行野外求生訓練，但都不及這個為期一星期的全省大露營來得盡興。

「不過，活動快結束時，卻發生一件非常掃興的事！」有一天晚上，睡在帳篷最靠外面的陳伯璋，半夜被「旯犽」（ㄌㄚˊㄧㄚˊ）爬過頸項，又驚又痛地醒過來後，感覺脖子腫痛發熱。隨團醫護人員幫他擦了一些消炎藥後，就繼續露營活動。一、兩天後回到家，傷口卻已潰爛，醫治了將近一個月才總算痊癒。從此他看到「旯犽」，就油然而生一股痛恨的感覺，偏偏多年後又栽在「旯犽」手上，為了殲滅牠而摔傷腿，拄了六個月枴杖！

初中三年的童子軍訓練，讓他至今仍覺得可貴，也讓他深刻體會到，啟蒙教育和基礎教育必須非常扎實。「童軍的訓練和大露營，是課業外影響我最深的學習活動。我在童軍學習到的不只是各種技巧，還有團隊合作和人際互動的能力。」對童軍的概念深具好感的他認為，童軍是全方位的學習，就像教改有許多統整能力的學習，如天文、地理、家事、工藝、團康等，「這些學習對孩子的成長都很有意義！

可惜，大都被借去上補救教學課了！」

愛上童軍活動的他，初三原本想參加世界大露營，但因經濟不允許而作罷。不過，在童軍活動中所學習到的生活技巧，至今仍然很受用，「像我剛結婚時，教盧老師煎魚的技巧，就是在童軍學的。」

年少時對童軍的好感，讓他成年後，對於有著童軍背景的人，印象特別深刻。「童軍團的許多領導人物，如大隊長、輔導員，有不少人是中小學校長。」當他和他們相處、共事時發現：「這些受過木章訓練的童軍領袖，彼此間的感情非常堅固，凝聚力很強，在教育界形成一股不容輕忽的力量。」

離家出走為選組

考上第一志願高雄中學，可以說是預料中的事。他以幾乎是全校第一名的初中成績，穩穩當當準備高中聯考，無須再做特別加強。

高雄中學畢業時的俊逸青少年。（那時眼睛挺大的嘛！1967）

向來重視孩子學業的父親，在欣喜之餘，更加深了對兒子的期望。他雖然不常在家，但仍是一家之主，孩子求學的事，自然由他主張，而他最希望的就是，這個會念書的老大將來能夠學醫。因此，陳伯璋在高一下學期分組時，即使心中渴望念文組，還是遵照父親的旨意選了理組。

誰知升上高二時，剛好實施新課程，自然科（物理、化學、生物）改採新的教學法，「從過去的著重解題技巧，變成強調獲得知識的方法和過程。」不僅學校的老師無所適從，不知從何教起，連補習班名師也抓不到教學重點，學生更是傻鴨子聽雷、叫苦連天。陳伯璋在對自然科開始反感的同時，又重新燃起對文組的熱愛。

「但是我告訴爸爸想要轉文組，日後考中文系時，爸爸卻斷然拒絕！」父親認為，數學成績頗佳的他，又不是讀不來理組，為什麼要去念「沒有什麼發展前途」的中文系。父子倆為了轉組的事，多次爭執不下。一向乖巧順從的他，這次非常堅決要棄理轉文，而固執的父親也絲毫不讓步。有一回爭執過後，他又氣又傷心，決定離家出走！父親見兒子不知去向，焦急地透過各種管道尋找他，卻都找不到，只好心慌意亂在家中等候。

「我在學校的琴房躲了一天。」離家出走後，他並沒有其他去處，所幸之前為了練琴，央請工友多打一把琴房的鑰匙給他，如今才有落腳處。在琴房彈彈琴，想想事情，不知不覺天色已經完全暗下來，本來想乾脆在琴房過夜好了，但是饑餓感一波波襲來，而且被黑暗籠罩的校園，也顯得有些詭異。無奈之下，他只好打道回府，上演了一整天的離家出走戲碼也終於落幕。

回家後，父親雖一言不發，卻在無意中流露出鬆了一口氣的表情。他試著把剛才想過的事，提出來與父親再做溝通。「我對爸爸說，我可以不念中文系，但還是想轉文組，請他選一個他能夠接受的系。」父親當下不置可否。一直到轉組的最後期限將屆，他又以「如果硬逼我念理組，我在缺乏興趣下勉強念，將來考不到好學校，豈不是更糟！」來說服父親。父親看他那麼堅持，而且也言之有理，這才同意他轉文組，但言明日後必須念法律系。

於是他高二下學期轉念文組。對於這好不容易爭取到的未來，他感到十分滿意，同時也和坐在後面的朱邦賢（自《聯合報》國際新聞中心資深編譯退休），以及同時考上雄中的初中同學黃元璋、梁錦聖（兩人均為名建築師）等人結為好友。

「朱邦賢是美濃的客家人，我常常和他一起去美濃。」朱邦賢那溫馨、和諧的一大家子，讓他流連忘返。「我自己是個破碎家庭的孩子，看到這種兄弟團結、親子互動良好的家庭，特別羨慕。」因為孺慕這樣的家庭氣氛，只要一有機會，他就往美濃跑。「美濃就像是我的第二個家鄉。」朱邦賢的哥哥朱邦雄，和他也非常熟稔，「朱邦雄後來創辦了『美濃窯』，帶動美濃的陶藝事業蓬勃發展。」

甘之如飴學彈琴

「還記得我坐在靠窗的那一排，窗子下方有一座優美的小公園。」坐擁如此讓人心曠神怡的美景，看起書來特別有勁兒。除了有美景調劑看書的疲憊，他另外還有一項法寶——彈鋼琴。

高一開始接觸鋼琴的他，從最基礎的拜爾學起。三年下來，彈奏的水準不僅能夠自娛，還能夠娛人。說起和鋼琴結下的緣分，都要感謝音樂老師王先覺。「以前上音樂課，都只是開口唱唱歌，而且是口動心不動。」但是王老師卻教會他們欣賞與聆聽。

高雄美濃窯為好友朱邦賢二哥朱邦雄所創。（1995）

第一次上音樂課時，還未走進音樂教室，就聽到遠遠傳來一個女聲樂家在演唱

〈乘著歌聲的翅膀〉；接著換成鋼琴演奏；然後是小提琴演奏；最後則是管弦樂團的演奏。同樣一首曲子，以不同的詮釋方式，展現出豐富多樣的樂曲風貌。男孩們你一言我一語：「怎麼那麼好聽啊！」「哇！真是多采多姿的音樂！」尚未踏進音樂教室，他們就已經沉醉在優美的旋律中。「我那時才發現，原來，音樂是彩色而不是黑白的。」

第一次月考過後，王老師問大家：「有沒有人願意利用午休時間學鋼琴？」陳伯璋立刻把手舉得高高的，卻發現只有他一個人舉手，於是又把手放下。王老師說：「陳伯璋，我看到你舉手了，你有興趣學是吧？」他的確有興趣，但又擔心父親不願支付這筆額外的學琴費用。在回家的路上，他不斷思索，該如何說服父親讓他學琴呢？

「爸爸，今天音樂老師說我很有音樂細胞，問我要不要學鋼琴。」父親不以為然地說：「以前不曾聽說你有音樂細胞，歌也唱得不怎麼樣，怎麼突然有音樂細胞了？」他鍥而不捨地強調：「是音樂老師說的。」父親怕耽誤了他的天分，語氣開始退讓，只問了兩個問題：「學費貴不貴？會不會影響功課？」他保證，絕不讓學琴影響功課；而且，如果學費太貴就不學。父親聽了以後才點頭答應。

從此，每週兩次，他認真地學習，甚至在琴房空著的日子，也向工友借鑰匙進去練習。後來更是大膽地向工友要求，多打一把琴房的鑰匙給他，好讓他隨時可以練習，工友被他認真的態度打動，果真多打一把鑰匙給他。「當我心情不好或念書累了時，只要琴房空著，我就會去練習。」如此勤快練習的結果，他比其他同期學琴的同學們進步神速。學琴對他來說，是興趣也是享受，所以學起來一點也不覺得辛苦。

升上高三時，有一天音樂老師突然對他說：「我越來越覺得你有音樂細胞，要不要考音樂系？我可以提供你一些資料。」對於老師出其不意地這麼一提，他雖然嚇了一跳，但還是很高興老師誇他有音樂細胞，「和我當初騙爸爸的話一樣耶！」不過，他學鋼琴純粹只是喜歡音樂，倒沒想過朝這條路發展，何況父親一定不會同意的。果然，父親以「念音樂系有什麼前途！」一句話就把他打發了。

「人一生的學習有許多關鍵期。」陳伯璋很慶幸自己有機會學習鋼琴，進而進入音樂的殿堂。浸淫琴聲的這三年，讓他充分習得技巧的練習，之後雖然沒什麼機會再彈鋼琴，但卻在心中為音樂打開了一扇門。「音樂不是培養你成為一個以技術為導向的音樂家，而是成為一個音樂的喜好者。」

精神食糧對課業壓力重的高中生固然重要，但實際的糧食更是需求迫切。這一群活動力強的青春期大男孩們，總是等不到中午，就提前拿便當來祭五臟廟了！「每到第三節一下課，我們就餓得難受，起鬨要負責蒸便當的同學，去把便當拿出來給我們吃！」

當時，許多大學有保送制度，有些系保留幾個名額給在校成績優良的各校高中生。陳伯璋升上高三時，因為成績優異而獲得保送資格（而且是保送制度的最後一屆）。「以文組的學生來說，我當時可以選擇的學校有：東海外文系和成大工商管理系。」深受東海大學古典優雅的建築及蓊鬱清幽的校園吸引，他以東海外文系為第一志願。可惜，文組另一位擁有保送資格的學生，成績比他高一些，而他也選擇東海外文系。「所以我只能念成大工商管理系。」但是，這個系和學校都不吸引他，因此他放棄保送資格，轉而參加大學聯考。

汗水打動學生的心

高中的大事不僅是和父親進行轉組抗爭，另外還加入了父親向來沒有好感的國民黨。「高三的國文老師是位黨性堅強的黨員。」他時常在課堂上宣揚他的「愛黨說」。有一次國文老師鼓吹，愛國青年一定要入黨報國云云……老師那一席忠黨愛國的話，說得他熱血沸騰，於是二話不說就加入國民黨。難得的是，父親這回竟沒有阻撓。

教英文的傅建中老師也讓人印象深刻。「他完全以英語授課！」高一的學生上起課來既新奇又像傻鴨子聽雷。「不過，他只教一年，就應《徵信新聞報》（《中國時報》前身）之聘，派駐到美國了。」

高三教數學的蔡自忠老師，讓他形塑出好老師的圖像。「什麼是好老師？不懂得教學技巧、不懂得取悅學生沒關係，只要懂得流汗就行，他的汗水能打動學生。」數學對文組的學生而言，幾乎是已經放棄的科目，他們不期望將數學學好。相對地，教文組的數學老師，也不期待學生學好數學，師生雙方大都虛應故事。但是，蔡自忠老師卻打破了文組數學課的遊戲規則，不僅從不遲到早退，而且每堂課都教得非常認真。寫得密密麻麻的黑板，擦乾淨了後再繼續寫。「他常常一邊擦黑板，一邊擦汗。」有同學為蔡老師算過，他一堂課的最高紀錄是，換掉五條擦濕了的手帕！

看到蔡老師揮汗教課，學生們從一開始的不耐煩，漸漸受到感動。「數學老師不放棄我們，我們怎麼可以放棄數學！」於是學生們開始認真上課，而且，數學成績好的學生還主動協助教學。「結果，我們班考上國立大學的人，都是因為數學比其他文組學生強的緣故。」

「最讓學生感動的，不是教學方法或技巧，而是老師那一顆不放棄學生的心。」這也正是日後投身教育的他，一直奉行的「No child left behind」！

至於高中的導師，由於三年都不同，因此無法培養出像初中導師那般融洽、親密的關係。「感覺上，高中導師的功能不像國中那麼大。」尤其高三換成一位教官擔任導師，更讓他們深感格格不入。

除了老師，雄中還有位特別值得一提的靈魂人物，那就是王家驥校長。「他是一位對老師要求嚴格，對學生卻很親切、關心的校長。」王家驥校長曾經親手將違反校規的兒子開除，此事在一屆又一屆的學生間流傳著，為學生樹立了公正無私的典範。「而且，他並不因為雄中是以升學為導向的學校，就放棄音樂、美術等課程。」王校長強調「教育要正常化」這點，讓他深感佩服。

陳伯璋在校三年，只有一次和王校長近距離接觸的經驗。「我考完大學聯考回學校時，在路上遇見校長，他親切地問我考上哪裡。」當陳伯璋說出「師大教育系」時，畢業自上海大夏大學教育系的王校長，幽默地說：「教育系是校長系喔！」當年以零點二五分和師大英語系失之交臂的陳伯璋，其實是心不甘情不願念教育系的。沒想到，日後竟應驗了王校長的話，擔任起大學校長。

幸得名師啟蒙

陳伯璋考大學的前三志願是：台大外文系、師大英語系、師大教育系。「至於當初答應父親的法律系，我一點興趣也沒有。」幸好那時法律系不怎麼熱門，所以父親也就不再勉強他。

差了零點二五分沒考上師大英語系的陳伯璋，收到成績單時，氣得差點把它撕掉！「後來我告訴自己，先在教育系把成績念好，然後再轉英文系！」尤其同班好友朱邦賢考進英語系就讀，對他更是一大吸引力。

始料未及的是，進入師大教育系後，碰到的都是一流的教師。「就因為受到這些好老師啟蒙，我決定留在教育系。」而且也在老師們的風範影響下，他大二時就立定志願，大學畢業要繼續深造，將來也要成為一名在大學任教的學者。

大一教必修課「教育概論」的方炳林老師，建立了陳伯璋研究學問的興趣與方向。方炳林老師規定學生念很多教育名著，包括盧梭的《愛彌兒》、史賓塞的《教育論》、洛克的《教育漫話》等，這些書啟發了陳伯璋對教育的熱忱。再加上擔任他們班導師的方老師，雖然教學嚴格，但也非常關心學生，常主動瞭解學生們的志趣及未來的願景等。在這樣的求學氛圍中，「我覺得教育系的園地滿不錯的，所以不想轉系了。」

在大一時，他也受黃堅厚老師教的「普通心理學」的影響，更加堅定不轉系的決心。「黃老師用原文書上課，而且大都是史丹佛大學在用的書。不過，他教學的方式深入淺出，很能引起學生學習的興趣。」他尤其欣賞黃堅厚老師開創性的評量方式。「他考試的方式很活。比方說，他依據心理學的觀點寫一段話，但是這段話有些地方對，有些地方不對，他要我們分析出對在哪裡，錯在哪裡。」這種需要融會貫通全書，且頗具挑戰性及發揮空間的考題，深受學生推崇。

大學時期的師大宿舍。（1969）

大二教「西洋教育史」的楊亮功（一八九五～一九九二），是一位赫赫有名的教育家。他當時雖然擔任考試院院長，仍無法忘情於學術，因此在師大教授「西洋教育史」。「他待人謙和，完全沒有官架子，而且他的儒學修養極高，思路及口齒都非常清晰。」

教書對於當時已七十多歲的楊亮功而言，絕非公務之外的調劑，他可是非常認真地耕耘學術領域。「他上課從不遲到或早退，更不曾找人代課。上起課來，常常旁徵博引各國資料，尤其是美國的教材。」畢業自北京大學中文系的楊亮功，曾留學美國，一九二四年取得史丹佛大學教育碩士後，轉至紐約哥倫比亞大學師範學院攻讀博士，於一九二七年獲紐約大學哲學博士學位。

楊亮功在一九三〇年擔任安徽大學校長時，時值軍閥割據，「他曾對我們說，那些軍閥雖然都是兇悍的大老粗，但是對學者十分敬重，還曾關心地問他：『大學辦得怎樣？缺不缺錢啊？缺的話到我的帳房去領！』」當時他們並不明瞭，老師說這句話背後的感慨，如今陳伯璋才體悟，他應該是想表達政治不該干預教育，甚至該支持教育。

說到這兒，陳伯璋想起了中國古代的書院風氣，「宋代的書院，如白鹿洞書院，都是由政府給一塊田地讓他們自行經營、運用。」這

如今已成歷史的師大校門。（1969）

種自營生計，經費自給自足，無須仰賴政府另外撥款的「學田制」，讓他既肯定又欽羨。

「反觀今日，政府對學校辦教育的經費補助錙銖必較，學校又不是營利單位，沒有經費要如何發展教育？」即使「學田制」做法現今窒礙難行，但還是有其他鼓勵私人興學的方式，「例如以減稅的方式，獎勵企業或個人捐款資助。目前，捐款給公立大學可減稅百分之百；而捐款給私立大學，卻僅能減免百分之五十的稅。如果公私立學校的捐款減稅稅率相同，私立學校就可以發揮更多的辦學理想。」

台大那時有一堂課非常熱門——殷海光老師的「邏輯」課。殷海光是台灣自由主義的開山人物與啟蒙大師。他堅持以筆的力量對抗言論思想禁制。對於這樣一位自由主義先驅，陳伯璋甚為景仰，偶爾會蹺課去聽。「我認為，念大學不應該只局限在師大，如果別的大學有好的課，也可以去聽一聽。」同班同學中，雖然只有他一人去旁聽，但是一到台大，卻發現聽課的學生已經多到教室容納不下，而必須站在窗外。

師大的學生中，會蹺掉必修課去外校聽課的人甚少，嚮往自由主義學者論述的學生尤其不多，他算是師大學生中的異類。常有人見識到他的批判精神後，半開玩笑對他說：「師大怎麼會出你這樣的人？喜歡搞批判！」陳伯璋雖然喜歡批判，但這也是他多元思考的方式。「我不喜歡用純教育人的角度，去分析教育問題。」為了汲取知識之海中更廣博的學問，他不但大學時蹺課到台大旁聽，進入研究所後，更是經常到台大以及台北附近各大學聽課。

教育系「四大殺手」中，除方炳林老師及余書麟老師外，還有系主任雷國鼎和孫亢曾校長。雷國鼎老師教大三的「教育行政」，「他的口才很好，思路清晰，但是頗有威嚴。」大學校園內，有些老師喜歡與學生維持亦師亦友的關係。但雷國鼎老師與學生的關係，是帶點距離的。有一次，陳伯璋和學長等人，因事要到雷老師家中拜訪，去之前學長不斷耳提面命：「要特別注意禮儀！離開雷老師家要穿鞋時，記得把鞋子提到外面去穿，不要在雷老師面前穿半天。」學生們對於律己甚嚴的雷老師，都帶著幾分敬畏。

與教育系主任雷國鼎合照。（1971）

「我特別要感謝雷老師的幫忙，讓我畢業後能去台東師專實習。」在校成績頗佳的陳伯璋，原本可以就近分發到台北市區的中學實習。但他為了準備研究所考試，決定遠離嘈雜的台北，到僻靜、偏遠的學校邊教書邊念書。透過系主任雷國鼎的介紹，才如願進入台東師專擔任助教。

孫亢曾校長教大四的「比較教育」。他留學英國，平素習慣頭上戴頂帽子，手上拿把傘或枴杖，一派英國紳士的風範。「即使貴為校長，他教書還是毫不馬虎，而且常常引經據典，並隨時掌握update的資料，讓我們充分瞭解各國不同的教育特性。」孫校長喜歡上圖書館閱讀報章雜誌，尤其是《Times》，學生們在學校圖書館，看到正在閱讀雜誌的校長，都倍感親切。「孫校長以各國的餐點特色，拿來比喻成各國不同的教育特色，這個觀點很有趣，也能引人入勝。」

陳伯璋的大學啟蒙老師方炳林，後來去美國進修。回國後，再度教他們班的課，這回教的是大四的「教材教法」。「方老師留學美國一趟後，教學態度一百八十度大轉變，變成美式的開放教學作風。」

「大四還有一位歐陽教老師，他教『西洋哲學史』教得很好。」歐陽教老師留學英國倫敦大學時，直接向英國「觀念分析學派」的先驅人物（如R. S. Peters、J. White）學習，「因此，他帶回來的都是比較深入、完整的哲學思想。」陳伯璋不僅欽佩他扎實的學問，也欣賞他條分縷晰的說話方式。

「西洋哲學史」原本是師大名教授賈馥茗的課，但是當歐陽教老師從英國倫敦大學取得哲學碩士學位，返回師大教書時，賈馥茗在惜才愛才的心情下，特地將她教了一學期的課，讓給這位學生輩的優秀教授。「這在大學校園是很難得的！」受到歐陽教老師的影響，陳伯璋的博士後進修研究，也選擇英國倫敦大學。

主持李俊甫教授的專題演講。（1970）

盡情徜徉學術天地

不僅師大的老師是一時之選，同學們也都相當優秀。「我們班同學的類型有兩種，一種是普通高中畢業的；另一種是師範學校畢業的。」師範生畢業後必須實習兩年才能再念大學，因此，師範生比高中生大個兩、三歲。「保送進師大的師範生，都是全校前一、二名畢業的，成績相當好。班上的模範生及班長，幾乎都是師範生當選。」而且因為他們較年長，且有教學經驗，處事比高中畢業生成熟，「他們把我們當作小老弟，常在我們的課業及生活上提供指導與協助。」陳伯璋特別要好的大學同學，如蔡璧煌、黃國榮，都是師範生。另外的好友如曹常順、江進發等，情同兄弟。

「高中畢業生和師範畢業生，形成師大很特別的peer group。」延遲了兩、三年才重回校園的師範畢業生，特別珍惜重拾書本的機會。平日除了致力於課業，還把握時間準備高考、特考、司法官考試；而高中畢業生，熬過三年的苦讀，終於拚進大學後，無不先來個大解放！「我們積極參與社團及學會所辦的聯誼活動和學術活動。」陳伯璋除了活躍於和宗教思想有關的「中道社」，還有專門研究學術的「崑崙社」。此外，他還擔任教育學會的學術股股長。

除了校內的社團活動，喜好音樂的他，也常到「國際學舍」、「中山堂」，聆聽「遠東音樂社」所主辦的各種音樂會。「遠東音樂社」負責人吳心柳，為自己取這個別名，帶有「無心插柳」的意味。在台灣的文

在台中參加「慈光佛學獎座」，會後與李炳南居士合影。（1969）

與師大中道社的夥伴外出郊遊。（1969）

化藝術仍像一片沙漠的那時，他不惜砸下重金，引進國外一流的音樂家到台灣演出。「吳心柳有段話非常讓我感動，他說：『辦這些活動，好像把種子撒在水泥地上，但總希望有些種子能在水泥地外生根、發芽，成長茁壯。』」這番話他牢記心中，一直到擔任教職，發現老師對學生的影響也是如此。「一堂課上完，只要有幾個學生領悟到，知識就可以繼續傳承下去。」

佛光山大專生佛學夏令營的飯前禱。（1970）

升上大三之後，放鬆了一、兩年的高中畢業生們，在用功的老大哥啟發下，也逐漸思索人生的下一步。決定在學術領域更上一層樓的人，開始準備研究所考試。受到優秀教師薰陶的陳伯璋，很早就決定日後走學者路線，在大學院校教書。所以大二上學期的分組，他選擇了理論組，準備繼續攻讀研究所。

「大四時，我常去旁聽研究所的課。」師大名師田培林、賈馥茗、郭為藩、林清江的課，是旁聽生的首選。「那時的學術氛圍很好，研究所的老師和研究生，都不會排斥我們這些大學部的學生。」

對於師大的師資、同學，和校內舉辦的各項活動，陳伯璋都很滿意，但是對於學校的空間、設備、圖書館資源，卻非常不滿意。「尤其是圖書館的圖書資源不夠豐富。」老師開的書單，不是在圖書館找不到，就是僧多粥少。少數一、兩本書，無法供應一、兩個班級學生的需求。「預約之後又不知何時才輪得到。」借不到書雖然挫敗，借到後卻也如獲至寶，格外珍惜。「我們對知識成書非常敬畏，看到這些書常會感嘆，自己什麼時候才能寫出這樣的書！」

與同班同學郊遊。（1970）

師大的空間始終讓他覺得侷促。「堂堂一所國立大學校園，竟然和我念的高中差不多大！」他搖搖頭說。校內雖沒什麼可散步的去處。不過從師大到台大，倒是有一條他和盧美貴儷影雙雙的「黃金路線」。當時青田街一帶，大都是竹籬笆及花木扶疏的日式宿舍。出了師大側門，拐進青田街，再轉接溫州街，走到底就是台大農業陳列館邊門，一路沿著椰林大道走到醉月湖，就是他們兩人甜蜜漫步的「黃金路線」。

在侷促的空間之外，師大對學生思想的控制及保守的作風，也讓他不以為然。一九七〇年台灣退出聯合國，以及釣魚台事件發生時，大專生掀起了高昂的民族意識，許多學生走上街頭遊行，發起保護釣魚台運動。陳伯璋也加入這一波保護釣魚台的學運。「我們咬破手指頭寫標語，然後拿著鮮血寫成的抗議標語，遊行示威。」但是很諷刺的，當台大、政大等大學的學生，慷慨激昂地在街頭遊行時，師大的學生卻只能在校園內遊行。「我們一樣是慷慨激昂、熱血沸騰，但卻只能關在校園內，一圈又一圈繞著學校的操場遊行……。」想到當年那股被封閉起來的學運熱情，他不由得說：「這不是很荒謬嗎？」

「菸酒所」的薰陶與灌輸

一九七四年五月退伍後，在尚未開學前，他就先回學校找看看有沒有工讀的機會。結果找到一個月領七百五十元薪資的工讀工作。讀了半個學期之後，教育研究所的專任研究助理許勝雄學長，因為要到巴黎大學留學，因此向所長黃昆輝推薦他接任。專任研究助理的工作雖然收入較豐，但也十分忙碌。

交遊廣闊、做事認真的所長黃昆輝，在擔任所長期間，承接了許多研究專案。「最多的時候，曾經一年接十來個專案！」而全職的專案助理僅陳伯璋一人，所以必須雇用研究生擔任工讀生。「工讀生戲稱我為『工頭』，吳清基、高強華、黃福來等人，都曾當過我的『工人』。」說到這一段學業、工作兩頭忙的專案助理歲月，他其實頗為懷念。「一面念書，一面參與專案，雖然備極艱辛，但也培養出一些做研究的能力，以及和參與專案的學長、學弟妹們同甘共苦、共同學習的經驗。」

在黃昆輝所長的帶領下，他們學習到如何發展測驗工具、如何設計調查問卷及分析問題。「那時還沒有計算機，做實證研究很辛苦，需要一筆一筆地劃記。」日理萬機的黃昆輝所長，儘管忙得不可開交，仍然不會把工作都丟給助理及研究生做，而是實質的參與，和他們共同討論。「甚至連文字的修飾都會參與意見。」許多參與專案的研究生，日後在大學任教時，紛紛開起「教育研究方法」的課，講授問卷設計與問題分析等。「這些都是他們當年在參與專案時學習到的。」

說起來，低陳伯璋兩屆的吳清基，和他的因緣頗深。他們不僅是師大教育研究所「學長」與「學弟」的關係，還是前後任「工頭」。陳伯璋修畢碩士學位，改調師大教育系講師時，吳清基即接任專案研究助理的工作。爾後，吳清基又尾隨他的腳步，先後到美國密蘇里大學及英國倫敦大學進修。難怪吳清基打趣說，他跟在陳伯璋後面亦步亦趨，甚至接收了陳伯璋在密蘇里大學進修時買的二手腳踏車。

在陳伯璋眼中，這個低他兩屆的學弟，有許多值得學習的地方。「他做事認真、負責，做人周到、圓融，而且總是正面思考，樂觀、積極地面對人生。」更難得的是，他不僅為人處事十分投入，對於運動也毫不含糊，「他曾經是師大教育系的田徑代表隊，能跑能跳，可以說是文武雙全。」

吳清基對人的周到，不僅表現在尊師重道、敬重長官上；對學生也懷抱「一日為師，終身為父」的胸襟，除了論文、學位的指導與協助，還會關懷他們的生活與生涯發展。對於平輩，只要一日建立了朋友關係，就是一輩子的朋友。有好的機會不忘與朋友分享，朋友需要他的支持與協助時，更是排除萬難，全力以赴。「我兒子結婚時，時任教育部長的他，二話不說就答應擔任證婚人，還特別抽空花心思寫出將婚禮帶上高潮的講稿及對聯！」

吳清基對人用心的程度，常讓陳伯璋自嘆弗如！「他是第一任國家教育研究院籌備處主任，每一位受訓學員的姓名，他竟然都還記得，甚至連他們在哪裡服務也都牢記在心！」如此面面俱到、事事用心，無怪乎造就出他在行政工作上的佳評。

由於陳伯璋是全職的研究助理，而且研究專案繁多，因此研習學業比其他人辛苦。「我的碩士論文花了三年才完成。」而且，他雖具有實證研究能力，但因時間幾乎都綁在辦公室，沒有時間寫實證性的論文，只好寫純理論的論文。「不僅碩士論文如此，我的博士論文也是因為半工半讀的關係，只能寫理論性質的論文。」記得他在寫碩士論文時，常苦於找不到時間與指導教授黃昆輝討論論文，黃昆輝知道他的心情後，便約他「晚上十一點以後，到家中討論。」看老師忙得不可開交還掛記學生的論文，儘管是夜裡十一點以後，他還是硬著頭皮到老師家叨擾。

「黃老師指導我的論文非常仔細，連標點符號及錯別字都注意到。」從黃昆輝身上，除了能學習做學問的態度，更學習到他做人做事的圓融。「老師為人處世面面俱到，行政及人際能力極佳，幾乎事情一到他身上，沒有行不通的！」但是，學到不見得做得到。「我從老師身上學到做人做事的『眉眉角角』，不過，知道是一回事，做又是另一回事。」陳伯璋坦言，這些「眉角」的拿捏，他至今仍不嫻熟，「而且，走行政工作也不在我的人生規劃中。」雖然他志不在行政工作，日後卻有多次機會走上行政。目前的國家教育研究院籌備處主任一職，也是一個意料之外的發展。

在研究所階段，黃昆輝教授的行政及為人處世技巧，讓他受益良多；而賈馥茗教授的風範及做學問扎實的程度，則讓他由衷地欽佩。「賈老師曾說，只要和人有關的學問都要接觸。對人性有多一分瞭解，教育成功的機率就增加一分。」

教「中國哲學史」及「方法論」的賈馥茗，有深厚的國學根基。她嘲諷那些喝過洋墨水，卻沒有融會貫通、深入探索的做法是「打打西洋拳」。她告訴學生：做學問不能花拳繡腿，要有實力，有自己的觀點。「如果說，賈馥茗教授給人『程門立雪』的聯想，那麼，歐陽教老師就讓人感到『如沐春風』。」

不苟言笑的賈馥茗，常讓學生感到敬畏，「不過，她其實是位『望之儼然，即之也溫』的學者。」由於擔任研究所專任助理，與賈老師私下互動的機會較多，所以他不像一般學生對她敬而遠之，反而會和幾個研究所同學，相約到賈老師獨居的家中，一起下廚或烤肉。「盧老師後來念研究所，成為她的學生後，我們夫妻常一起去找賈老師聊聊生活上的各種問題，包括夫妻相處、小孩的教養等。」許多常接近賈馥茗教授的學生，大都是攜家帶眷一起拜訪她，向她討教人生各方面的議題。「好老師不是只關心你的學業、你的工作，而是會去關心你這個人！」

教育研究所兩位名師賈馥茗和黃昆輝，一個菸不離手，一個會請學生喝酒，所以研究生戲稱教育研究所是「菸酒所」，對學生「薰陶」與「灌輸」。「在忙專案那段期間，我們幾個研究生與黃昆輝老師討論專案，常常討論到深夜十一、二點，於是老師邀我們去師大夜市吃消夜、喝啤酒。」「菸酒所」的戲謔名號就是這麼來的。不過，這倒毫無不敬的意思，反而是一種拉近師生距離的俏皮話。

首開「潛在課程」研究之風

此外，教「教育社會學」的林清江教授，則以「思路敏捷、條理清晰」擄獲學生的心。「林老師上課不講笑話，也不說廢話，句句都是學問。而且，提出的觀念都不會重複。」對林清江學識的景仰，促使他日後敦請林老師成為他博士論文的指導教授。

「成功的老師不是只教你知識、學問，而是給予學生為人處世與道德風範的薰陶，這也是我在師大最大的收穫。」陳伯璋將這種學習稱之為「潛在課程」（hidden curriculum），也就是在一種潛移默化的環境中，師生互動後對學生的人格及行為產生的影響。潛在課程和知識、學科、教科書等正式課程，對學生的作用不同。「但是，潛在課程對學生的影響才大！」想到生命中，曾經受教於這些好老師「潛在課程」的影響，他感性地說：「好老師不必多，有過幾個就可以終生受用了。」

不僅好老師讓學生終生受用，好老師也能夠和學生擦出教學相長的火花。「林清江老師後來創辦中正大學時，曾對我說，他深受我的博士論文啟發與影響。」陳伯璋的博士論文寫的是「潛在課程研究」，擔任指導教授的林清江，將他在論文中探討的潛在課程設計，充分運用在經營學校當中。

首先，中正大學雖以蔣「中正」命名，但除了校史館內有座蔣中正的半身銅像，校園各處均見不到其他相關的紀念物。「這種『不著相』的做法，也就是潛在課程、境教的方式。」

林清江不僅在環境、空間的設計上，充分體現境教；對於制度的規劃，如設立生活導師及學業導師制度，更是一種潛在課程的學習。這樣的制度讓老師與學生的互動更緊密，產生的影響更深遠。「林老師曾說，五倫之外還有一個『師生倫』，它是個隱藏倫。但是它對學生、對社會的影響，卻不亞於其他五倫。」而打破以系為單位的宿舍設計，則讓不同系的學生有機會住在一起，進而產生互補性的刺激與學習。

取得碩士學位後繼續攻讀博士學位的陳伯璋，原本在教育研究所擔任專任助理一職，後來因為黃昆輝所長兼任教育系系主任，因此改聘他為大學部講師。不久，黃昆輝所長離開杏壇，轉戰政壇，由林清江教授接任研究所所長。

那時，已確定博士論文想寫「潛在課程研究」的陳伯璋，敦請對社會學領域較熟悉的林清江所長擔任指導教授。「事實上，我的博士論文的選定，還受到黃政傑及歐用生的影響。」

當時，教育學知名大師Michael Apple的嫡傳弟子黃政傑，剛自美國取得博士學位返台；而歐用生也自日本留學回國，兩人都帶回「潛在課程」的觀念與話題。陳伯璋心想，既然這是一個新的議題，而且他也有相當大的研究興趣，於是決定寫「潛在課程研究」。結果，這篇論文成了當時國內第一篇，以潛在課程作為研究的博士論文。

博士照。（1985）

念博士班二年級那年，黃光雄教授自英國進修返台，帶回Michael Young所著的《Knowledge and Control》（知識與控制）一書，在「課程社會學」的課程中，與學生們一起分析探討。這本批判知識常被權力所凌駕、控制的書，頗引起爭議，但也深具啟發性。陳伯璋的「潛在課程研究」論文，也多少受了此書的影響。

黃光雄與李建興、楊國賜等人，同為第一屆師大

「國家博士」。「之所以稱為『國家博士』，是因為他們是在教育部接受博士口試，以及由教育部直接授與博士學位。」黃光雄是位頗具親和力的教授，和學生保持一種亦師亦友的關係。「黃老師雖然著作不多，但是他以實際的言行，以及對學生的關懷與協助，贏得學生敬重。」提攜後進不遺餘力的黃光雄，素有「台灣教父」的地下稱號。「黃老師看人看得遠，能夠看到一個人的長才與潛力。而且，一旦找對人以後，他就充分信任，讓對方充分發揮。」這種能夠識人，能夠放手的「無為而治」管理風格，最讓陳伯璋佩服。

博士班的師資大抵和碩士班相同。「我在博士班後期，上簡茂發老師的『高級教育統計』課程。」簡茂發那時接任林清江（林轉任學務長），擔任研究所所長。「我和簡老師有個共同的興趣——都很愛買書。」愛書成痴的陳伯璋，常常在埋首舊書攤尋寶時，不期而遇另一位愛書人簡茂發教授。

說起陳伯璋的買書癖，還曾經因為買得太盡興，以至於盤纏用盡，差點回不了國！「我在密蘇里大學進修那一年，回國前拚命買書，結果連回程的機票錢都買掉了！」情急之下忽然想起，大學同班同學蔡璧煌正在加州留學，只好厚著臉皮向老同學調頭寸。「每次聊到這一段借錢買回程機票的往事，就會被盧老師糗！」

陳伯璋家中的藏書，幾乎可以成立一座小型圖書館，「我平日最大筆的開銷就是買書。」記起妻子盧美貴曾糗他喜歡換車，他不以為然地說：「買這些書加起來所花的錢，還比我換過的車子貴！」將來，他打算把這些書捐贈給學校。

喜歡買書的習慣，可以說是從擔任專任助理時開始培養的。當時，研究專案只要有剩餘的錢，黃昆輝所長就會指示他盡量拿去買書。於是他除了添購教育領域的中外文書籍，還夾帶許多他所偏好的批判性質書籍、期刊。如批判理論、詮釋學、現象學、文化研究、馬克斯資本論等。「都是時下最新的批判思想方面的書。」

師大教育研究所這些豐富的藏書，甚至吸引了附近的台大研究生，到教研所圖書館借書影印。「說起來，我對於批判性思想的推廣也盡了不少力！」此外，由於長期訂購書籍的關係，他和桂林、書林、文景等圖書公司的老闆，也建立了不錯的交情。

「週末派」的批判精神

從大學起，陳伯璋就開始到台大旁聽課程。念研究所期間，由於研究所所在的師大分部離台大更近，藉著地利之便，他更常抽空到台大旁聽有興趣的課。當時「存在主義」蔚為風潮，這一波風靡世界的新哲學思潮，自然也席捲了向來喜愛思考的陳伯璋的心。

在賈教授所教的中國哲學史外，他更想一窺西方哲學的堂奧，於是選擇旁聽台大教授鄔昆如的「存在主義哲學」課，及郭博文教授的「社會哲學」課。「除了聽這些近代哲學課程外，我還對王尚義的《野鴿子的黃昏》很著迷；對史懷哲的故事很感動。」史懷哲醫師到非洲行醫的偉大無私，讓他省思到，教育工作者也應抱著如此的熱忱，獻身教育工作。陳伯璋雖身為讀書人，卻有著比研究學問更入世的使命感。

旁聽台大的課，讓他結識了幾位聊得來的台大研究生；而在台大附近影印老師指定閱讀的書時，又認識幾位志同道合的朋友。「師大圖書館的藏書向來不足，當我在校內找不到老師指定閱讀的書，就向旁聽認識的台大學生借來影印。那時，影印書籍都是一整本印……」說到這兒，陳伯璋訕訕的為那時不尊重著作權抱歉，「我通常把要影印的書交給老闆，告訴他兩三天後再來取書和影印資料。」等他去影印行拿書時，發現影印的資料竟然多了好幾份。一問之下才知道，原來是其他來影印資料的人，看到他那本書後，臨時決定請老闆加印。

於是他有樣學樣，也在店裡梭巡，看看有沒有他想加印的書。就這麼你加印我的資料，我加印你的資料，一來一往中，幾個素未謀面的人，心中卻慢慢形成一種似曾相識的熟悉感。終於，他們一一與這些英雄所見略同的「熟悉陌生人」不期而遇。他們以共同影印的書為話題，越聊越投契，於是決定組成一個類似讀書會的團體，定期分享自己近來的閱讀心得。

由於訂在每個週末下午聚會，於是他們又自稱為「週末派」。週末派的班底除了影印資料結識的各路英雄好漢，還有在台大旁聽時認識的研究生。如張鼎國（台大哲學研究所）、張旺山（台大社會學研究所）、黃瑞祺（台大社會學研究所），是在台大旁聽時認識的；而葉頌壽（精神科醫師）、洪禎國（政大經濟研究所）、陳墇津（政大東亞研究所）、辜振豐（東吳大學西洋文學講師）等人，則是在影印資料時結識；另外還有「呷好道相報」，經成員的介紹加入週末派的，如呂正惠、陳萬益、陳慧學等人，後來還擴及中研院的研究員。

這些成員研讀的領域各不相同，有哲學系、醫學系、政治系、經濟系、文學系等。日後從事的工作也各擅勝場，有學者、有醫師，也有中研院研究員和國關中心研究員。

其中辜振豐和他還有一段英國倫敦大學的進修之緣。陳伯璋在博士後赴英國倫敦大學進修，得知週末派好夥伴也正在該校進修後，兩人一得空就相約遍賞音樂會，四處逛舊書攤。「我們簡直樂瘋了，聽了好幾場音樂會、買了許多好書。」的確是有點瘋狂，他足足買了三十幾箱原文書運回台灣！所幸有了上次買書買到沒錢付回程機票的經驗，這次他倒是有備而來。

竹林已成歷史，清談依舊在

週末派早期聚會的地點在當年的文學地標——「明星咖啡屋」。後來轉移陣地到離大多數成員較近的龍泉街「竹林茶坊」，並從此固定在這裡聚會。週末派的成員來來去去，有的出國留學；有的畢業後返鄉；有的因工作調遷……舊成員離開的同時，也陸續補進來新成員。「後來，到我們師大教育研究所，影印我買的那些批判性書籍的台大研究生，也有許多人慕名加入週末派。」

在陳伯璋念碩士班、博士班，以及正式在師範大學任教期間，都是週末派的忠實成員，一直到調遷花蓮師範學院擔任校長，才不得不中斷。「如今我們仍然有聚會，只不過已經不是每週一次，而是每年不定期舉辦，而且聚會地點也移師到國賓飯店。」昔日的清談之地「竹林茶坊」已走進歷史。

「週末派」是一個以思想交流及社會現象批判與討論為主的動腦型社團，並沒有付諸任何實際行動，或者發起、參與過任何社會運動。「我們是社會上的游離知識分子，聚會沒有特定目的，也不受功利所羈絆。」所以他們自比為專事清談的「竹林七賢」。成員裡清一色是男性碩、博士生，對於沒有女性成員這一點，陳伯璋的看法是：「大概那個時候具批判性的女性不多吧！」這也許是原因之一，但也有可能是，女性在當時仍不被鼓勵具批判性思考，所以即使具批判性，也多半祕而不宣吧！

他們有興趣的議題，從時事、政治、經濟，到文學、歷史都有。「正因為大家所學的領域不同，所以能夠從不同的角度切入問題，進而分析、批判。」來自四面八方的多元性見解與價值觀，對學教育的陳伯璋，是個難能可貴的啟發。「讓我這個學教育的人，能夠從各種不同的角度，更周延地看待各種現象。」這種「互補性、異質性」的學習經驗，造就他日後思考問題時，不會僅從教育的角度切入。

近二十年交情的週末派成員，互動的方式正如細水長流型的君子之交。「這樣的關係反而能夠延續得比較久。」喜歡與人保持適度距離的他，很高興這種「安全距離交往法則」的成效，再次獲得印證。

有了這麼多不同專業領域的朋友作為知識的後盾，當他在大學教書時，碰到馬克斯主義的單元，就找在國關中心擔任研究員，研究馬克斯主義的名學者陳墇津到校客串教學；碰到經濟學或文學批判的議題，就找經濟學出身的洪禎國，以及文學批判專家呂正惠幫他補充教學……如此互通有無的經驗，讓他想到當年原本想轉系的事。「求學的時候，如果在所屬的系別外，仍然有其他充實的管道，那麼轉不轉系就不重要了。」善於利用各校資源的他，還曾經遠到政大、輔大旁聽。

「週末派」對他整個人生的發展，具有非常重要的意義。「學校教育給予我的是學術和學識上的影響；而週末派讓我學習對社會、對政治、對整個文化系統，有個全面的觀照，這一部分不是純粹念教育的人看得清楚的。」兩者相輔相成的結果，當他省思教育問題時，常能突破窠臼，發展出更達觀、更圓融的見解。

從密蘇里大學滿載而歸

一九八〇年，一方面繼續在師大攻讀教育研究所博士學位，一方面擔任教育系講師的陳伯璋，和歷史系的講師劉德美，同時獲得到美國密蘇里大學進修的兩個名額。「這是師大與密蘇里大學簽定交換學生之約的第一屆！」這個進修機會不僅免學費，還提供生活津貼大約每個月兩百五十美元，以及原有工作留職留薪一年。

思緒在藍天綠地中翱翔

那時，陳伯璋的博士課程已經修習完畢。從碩士到博士都在國內研讀的他，早就想出國長長見識，看看國內外的學術氛圍及生活環境有什麼差異，因此掌握了這個千載難逢的好機會。

密蘇里大學的指導教授及住宿、接機等事都安排妥當以後，八月份即出發前往美國。途中順道拜訪在加州史丹佛大學攻讀博士學位的張煌熙，在張煌熙的住處過了渾渾噩噩、日夜顛倒的三天，「這是我第一次體會到什麼是時差！」頭昏腦脹中，瀏覽了幾處張煌熙帶他參觀的風景名勝，留下的印象卻不及Yogurt的初體驗來得深刻。

有天張煌熙出門上課前對他說：「冰箱裡的東西你都可以拿來吃。」他還特別推薦一種叫做Yogurt的東西，說是營養豐富。陳伯璋嘗了一口，差點吐出來，心裡埋怨著：「怎麼發酸了還招待朋友！」後來才知道他錯怪了張煌熙，也誤會了Yogurt。不過，他真的無法對Yogurt一見鍾情。

在加州待了三天後，即搭乘西北航空的飛機，繼續向目的地聖路易市飛去。

在聖路易市住宿的地方，離密蘇里大學僅有十五分鐘的路程。那是一棟專門出租給學生的三層樓宅邸。一樓為共用的起居室及廚房、餐廳，房東住在二樓其中一個房間，三樓及二樓的其他房間則出租給學生。陳伯璋的室友中，除了一位台灣留學生外，其餘皆是美國籍的學生。在異國遇到同鄉，總是分外親切。

這位自淡江大學數學研究所畢業、正在密蘇里大學攻讀數學博士學位的羅姓友人，課餘兼任商學院助教。他曾向陳伯璋抱怨：「到了美國才知道，美國學生的數學程度有夠差！」台灣的五、六年級小學生，學得呱呱叫的植樹、流水、雞兔同籠等問題，卻把那些商學院大一的學生，搞得暈頭轉向，「大概有一半以上要被我死當！教起來真沒有成就感！」

聽到他的抱怨，陳伯璋不禁想起自己的數學夢魘。他的數學一向不差，但在雄中的第一次月考，數學竟然只考五十六分！不及格耶！這可真是奇恥大辱！但是他環顧四周同學的成績，也都是不及格，相形之下，五十六分還算高分哩！但是不管怎麼樣，從小學到國中，數學始終考九十幾、一百分的他，還是被這個分數，大大挫敗了對數學的信心。

數學老師向他們坦言，我們的數學的確太難了！因此採「開平方乘以十」的方式計分。也就是說，只要考三十六分就等於及格了！照這樣的計分標準，陳伯璋的數學成績不僅及格，而且還不差，但他依舊沒什麼成就感。聽到數學優等生羅姓友人嫌棄美國學生的數學程度，他心中卻對台灣數學教育「好像把每個人看成將來要當數學專家來教！」存疑。「我想，如果是『以知識為導向』來教數學，就不會有那麼多的學生對數學失去信心與興趣吧！」

由於羅姓友人有一輛四千西西的老爺車，因此他們兩人一到週末假日，就開車到超市購買一個星期的食材，然後再輪流下廚，共享晚餐，有時還會邀住在樓下的房東一起用餐。「房東人很好，對我們這些外國學生很客氣。」但因他常邀陳伯璋他們上教堂，「我們不好意思當面拒絕他，只好刻意躲著他。」

有一回，兩人開著車外出購物時，那輛快報廢的大車，在紅綠燈前停下來後，竟然就發不動了，兩人急得滿頭大汗，最後在其他駕駛合力幫忙推車幾公尺後，老爺車才恢復發動。

那年冬天，陳伯璋遇到一場大雪，這是他生平頭一遭見識到大雪紛飛的氣勢。才一會兒工夫，街道、屋頂、樹梢、電線桿……全都覆蓋上一層白茫茫的雪花，皚

美國密蘇里大學校園一隅。（1985）

皚白雪飄然墜落時，氣溫並不顯得特別寒冷，陳伯璋興奮得童心大發，跑到院子裡堆雪人、丟雪球。

興建在高爾夫球場原址的密蘇里大學，地勢起起伏伏，結上一層厚厚的冰雪時，走起來特別讓人膽戰心驚。行走在雪地上，連平路都有可能摔個四腳朝天，何況是高高低低的上下坡。陳伯璋每天上下課，都像是一場冰上行走的技術與膽識大考驗。

春天來臨時，校園內一片新綠，柔軟、鮮嫩的草坪，讓人忍不住想保護。於是，校方規劃出幾條行走路線，以免踩踏到更多嫩草。但可能是動線不甚理想，學生們另外又踩踏出一條新路線。校方不但不責怪學生

「不走正道」，反而從善如流，將那條學生習慣行走的路，劃定為正式的路線。美國大學的民主作風，從這一件小事足可窺見。

比起出國拿學位的台灣留學生，陳伯璋悠遊自在多了，不必掛慮經濟及學位，盡情徜徉在美麗寬闊的學術殿堂與校園中。由於密蘇里大學是以一座高爾夫球場改建而成，景色之美自不在話下。陳伯璋每天選幾門有興趣的課聽一聽，有時和指導教授討論他的論文與研究，要不就是待在圖書館，沉浸在深邃悠邈的書海中。「密蘇里大學的圖書館，有一面很大的落地窗，窗外是一大片如茵的碧草，還有無邊無際的藍天白雲……」他常常一坐就是一整個上午或下午。

「此行最大的收穫是，終於有一個連貫、完整的長時間進行思考！」在台灣，時間總是被切割得零碎而片斷，「想要有較長的時間做連續性的思考，根本是不可能的。」每次思緒被打斷後，得花一段時間暖身，才能繼續下去。如此一來，不僅思緒是斷裂的，思考的深度也很有限。

如今，面對遼闊的藍天綠地，視野及心靈都自由奔馳，無論是想想學術上的事，或是把學習過的事物串連起來想，都能更加完整、深入。「即使只是胡思亂想，也是很幸福的事。」陳伯璋無限懷念地說。

開放的學風與寬闊的心胸

除了環境自由開闊，教授的行事作風也頗隨興。有一次，陳伯璋比約定與指導教授討論的時間，提前十多分鐘到達，隱約看到指導教授的辦公室裡有一位小朋友。這一大一小的對話聲不間歇地傳出，甚至過了與他約定的時間大約半個多小時，談話聲仍舊沒有結束的跡象。陳伯璋除了等得有點不悅，也頗納悶，怎麼一個大教授會和小學生談得那麼起勁？

後來，指導教授記起與他的約定，才趕緊結束對話，走出辦公室向他致歉。經過指導教授的解釋才知道，他是UFO（幽浮）協會的成員，業餘的興趣就是研究UFO。而那位小朋友也是UFO協會的成員，他和小朋友聊得興起，差點忘了和陳伯璋的約定！「他不僅平易近人，還頗有赤子之心。」

指導教授與陳伯璋談過幾次學術方面的話題後，對他說：「你對於新馬克斯主義很有研究，而且能將社會學的觀念巧妙地運用在行政工作上。你的研究不亞於我，我能教你的很有限。」對於指導教授的讚賞，他一方面覺得過譽；一方面也對國內的學術訓練，增加不少信心。

密蘇里大學是一所州立大學，以服務當地居民為優先。為了配合當地大部分在職進修學生的時間，許多研究所重要課程都排在晚上六點半開始。「我們班的成員有老師、有校長、有督學，還有研究教育的專業人士。」下班後匆匆趕來上課的學生們，大多來不及好好吃一頓晚餐，因此幾乎人手一份三明治、漢堡，外加可口可樂。「上課時，同學們喝可口可樂的聲音此起彼落。」教授、同學們似乎也都習以為常。

課堂上除了有毫不客氣的進食聲，學生發言、討論的聲音也不絕於耳。由於上課時的發言，都要列入考評項目，所有的學生莫不卯足勁發表高見。有一次教授問：「該不該體罰？」所有不同立場、職業的學生，踴躍地抒發不同的看法。

「我那時忽然覺得，這裡的教授真輕鬆，只要拋出一個議題，接下來就帶著微笑聽學生們講就好。」陳伯璋促狹地說。不過，他還是比較欣賞這樣的上課方式，「學習最可貴的就是『異質性的討論』。經由不同經驗的人，分享不同角度的看法，老師再適時予以協助、指導，這樣的學習，往往收穫最多。」

不過，要和這些以母語抒發高見的美國學生競爭發言機會，是很吃力的。因此，留學生們研擬出一套夾縫求生法則。「依據台灣留學生的經驗，教授一說完話，你就得搶在第一個舉手發言。如果等別人先講，你可能會因為聽不太懂他們七嘴八舌熱烈討論到哪裡，而插不上話。」

陳伯璋在美國進修這一年，也發揮了他在國內善用其他大學資源的精神，到車程約二十多分鐘的華盛頓大學參觀與借閱書籍。華盛頓大學位於聖路易城的猶太人區，素有「中部的哈佛大學」之美譽。「我第一次去聖路易城時，一坐上公車，發現全車屬我的皮膚最白。」陳伯璋頑皮地說。原來，聖路易城的居民絕大多數是黑人，而公車族向以黑人居多。

在華盛頓大學圖書館看書時，有個意外的收穫。「有一天我在圖書館看書，忽然看到一位上了年紀的中國人，我趨前打招呼，沒想到他居然就是我希望在華盛頓大學遇見的鹿橋！」鹿橋本名吳納孫（一九一九～二〇〇二），是他曾拜讀過的《未央歌》一書的作者。他早先已聽說鹿橋在此校教「中國藝術史」，很希望能有機會拜望他，結果竟讓他們在圖書館不期而遇！

相談甚歡之下，鹿橋邀他改日到家中小坐。鹿橋住的是所謂的高級住宅區，獨門獨棟的大宅邸，氣派豪華的程度讓他嘆為觀止。「我這才見識到，美國上流社會的人，住的是什麼樣的房子！」鹿橋有個觀點讓他印象深刻，他說：「一般人總認為，搞藝術的人和商人似乎格格不入。但是，人類的文明其實離不開金錢，如果沒有經濟做後盾，藝術也無法生存。」這番話讓他重新思考，精神與物質之間的關係，「我想，精神文化和物質文化不應該是相對立的。」

對圖書館特別鍾情的陳伯璋，由於經常窩在圖書館看書，因此也有許多不同的體會。「台灣的大學圖書館，服務人員對於讀者似乎不怎麼友善。」就拿台大的圖書館來說，藏書雖然豐富，卻對非本校的讀者限制頗多。借書不但要看證件，還要該校的學生當保證人才行。反觀美國大學的圖書館，不僅對他校學生沒有什麼限制，甚至連小朋友進出圖書館，也不會遭到館方驅離。「感覺起來，他們很尊重閱聽人，很鼓勵人民閱讀。並且大方地將圖書偶爾受到的破壞，視為圖書館必要的損失。」

「International library loan」（館際圖書互借）的做法，也讓他大為讚賞。當時，台灣的圖書館並未提供此項服務，乍聞美國的圖書館工作人員，願意代讀者向其他圖書館借書，並且免費影印好資料給讀者時，他著實為如此貼心的做法感動。「只要你在這個圖書館借不到的書，服務人員就會透過網路，替你向其他圖書館借閱。書寄來了以後，他們還會幫你影印好，然後寄張明信片通知你，可以去取回資料了。而且，此項服務完全免費。」

如此大費周章服務讀者，卻完全免費的原因是，他們認為，如果你享用的是該館花錢添購的書，那麼影印費用就要自行負擔，因為你享用的書，圖書館已代為付出費用；但若是借閱其他圖書館的書，由於該館並未付出訂購此書的費用，因此即使代為影印，也無須借閱者付款。「由於我要借的書，剛好該圖書館都沒有訂購，所以我一毛錢也不用花。」陳伯璋開玩笑地說。他在讚嘆這種無私的做法之餘，更欣羨此地閱聽人的權益。

且遊且學，收穫更多元

一九八〇年冬天，美國還發生了一件堪稱為歷史大事的意外事件——搖滾天王約翰藍儂（John Lennon）（披頭四主唱），於十二月八日遭槍殺身亡！「當我聽到美籍室友們震驚的嚎叫聲，趕緊跑到起居室一探究竟。發現無論是電視或收音機，全都以插播的方式，播放約翰藍儂被刺殺的消息。」看到美籍室友們一副如喪考妣的悲慟表情，讓學古典音樂、對搖滾樂沒什麼好感的他，大為震撼。

「這也算是一種culture shock！」他原本認定的靡靡之音，竟然對美國人的意義這麼大。「甚至蟬聯了好幾天的報紙頭版，連雷根總統就職典禮的新聞都被擠到二版。」之後，有關約翰藍儂其人其事，以及他的音樂的新聞，延燒了將近一個月。

「我曾到唱片行，想買張蕭邦的音樂，但是店員竟然不知道蕭邦是誰！」等店員搞清楚了以後說，想買那種唱片要預訂，如果改買約翰藍儂的唱片，那倒是很多！「不僅如此，古典音樂只有一個電台播放，其他都被搖滾樂佔滿了。」在那時的美國，古典音樂是弱勢族群，搖滾樂才是主流。「難怪搖滾天王的吸引力，比美國總統還大！」

寒假時，陳伯璋前往麥迪遜（Madison），拜訪在美國麥迪遜威斯康辛大學攻讀博士學位的黃政傑。「在那裡度過了生平最冷的聖誕節——零下三十五度！」雖然天氣酷寒，熱愛圖書館的他，還是在兩個星期內，充分享受了麥迪遜威斯康辛大學古樸雅致，藏書甚豐的圖書館。

他常常帶著一份三明治、一顆蘋果，就在圖書館度過大半天。坐在圖書館臨窗的位置，他的手上拿著一本書，看著看著，視線卻不知不覺眺向窗外的雪。白茫茫的銀色世界中，美麗的Mendota湖依稀可見。那種靜謐與不受干擾，於他真是一大享受。「那是一種完全屬於自己、非常單純的生活……。」

到美國密蘇里大學進修時，走訪遼闊的Lake Tahoe。（1985）

對陳伯璋來說，離開台灣最棒的就是，可以把大大小小的事暫丟一旁，只做自己高興做的事。

雖然天寒地凍，黃政傑還是盡了地主之誼，開車帶他逛了威斯康辛州最美的三大湖：Lake Mendota、Lake Monona，及Lake Wingra。在黃政傑家中，他見到名聞國際的學者Michael Apple（黃政傑的指導教授），這一面之緣，奠定了兩人日後更深的緣分。他在花蓮師範學院擔任校長，以及在淡江大學擔任教育學院院長時，都邀請Michael Apple蒞臨演講，甚至當他的兒子到麥迪遜威斯康辛大學念博士學位時，也跨系選修Michael Apple的課。

一年的進修結束前，他特地留了半個多月的時間，搭乘Greyhound（灰狗巴士），遍遊美國數大城市。有朋友居住的城市，就下車訪友，與友人一起city tour；要不就夜宿車上，省去旅館費用。「車子行經懷俄明（Wyoming）時，只見到一大片無邊無際的沙漠，看不到半個人影。」那種壯闊卻寂寥的景象，反映出單身旅人的獨立蒼茫。

這一趟國外進修，不僅彌補了未曾出國留學的遺憾，甚且比有使命、有壓力的留學生，更能悠遊在學習的樂趣中，深入研究學問。同時也較有閒情逸致，在求學外以旅遊記錄生命經驗，品味異國的風光及文化。

「留學和遊學的心態是不同的，許多留學生的生活圈子狹小，而且一念完學位就回國，實在很可惜！」一充分享受了學習、訪友、旅遊的他，非常讚許這種短期進修的做法。「國內的學術氛圍與訓練並不差，尤其是人文社會領域的博士生，所具備的專業素養並不亞於留學生。但是，如果能有出國進修的經驗，更能開闊眼界，與國際接軌。」

他也認為，畢業後工作一段時間再出國進修，在心智更成熟，且有工作經驗的情形下，將更清楚到國外要學習什麼！「所以說，教育部及學校應該鼓勵並支援學生出國進修。」

在倫敦大學邂逅古典與現代

時隔五年，一九八五年，陳伯璋有了第二次出國進修的機會，這次去的是英國倫敦大學。由於是博士後的進修，所以心情更輕鬆。

自由自主的學習氛圍

雖然英國倫敦大學是他仰慕已久的學校，而且兩位景仰的前輩學者歐陽教與黃光雄，都曾在此校進修，但這其實並不是他此行的首選。由於他的學術研究與社會科學領域息息相關，因此他原本打算去倫敦政經學院（LSE：The London School of Economics & Political Science）進修，那是一所專注於社會科學的大學。但是後來聽說，該校許多名師，包括他想請益的一位研究社會學的教授，已轉到倫敦大學任教，所以改申請到倫敦大學。

原先計畫就近住在倫敦大學的宿舍，但是宿舍僧多粥少，一房難求。尤其在暑假期間，許多懂得營生的大學院校，紛紛將學生宿舍改成B&B（提供床位與早餐），出租給觀光客。幸好經中華民國駐倫敦辦事處文化組組長的介紹，住在台灣移民陳太太家。陳太太將自宅出租給學生住宿，並提供餐點及接機服務。

在陳太太家住了大約三個月後，陳伯璋在倫敦大學亞非學院的圖書館，結識在亞非學院就讀的新加坡華人楊慶祝。楊慶祝的宿舍尚有一間空房，遂邀他搬過去同住。考量到住宿費較便宜，且離校較近又有伴，於是他搬離陳太太家。

新房東是印度人Mr. Bandu，同棟宿舍的學生，除了他和楊慶祝兩個華人，還包括來自澳洲、德國、西班牙等國的留學生。每當Mr. Bandu開始料理拿手的印度咖哩時，滿屋子留學生的嗅覺也被挑動了，餓得受不了的人，不是逃之夭夭，就是趕緊配著香氣吃下自己的簡單餐食。但是，當廚房飄出了煎烤煙燻魚的嗆鼻腥味時，陳伯璋就開始坐立難安，「這時，我和楊慶祝就乾脆出門散步。」

由於倫敦大學的教育研究所離蘇活區頗近，所以他們兩人常相偕到附近的China Town買菜，然後在印度房東的廚房開伙，以中華料理力拚印度料理。

倫敦大學的亞非學院是一個好去處，除了學生餐廳有炒米粉這類中華料理外，圖書館的報紙還看得到大陸新聞，「這對於幾乎無從得知大陸消息的台灣留學生而言，可說是相當新鮮、奇特的。」

陳伯璋在倫敦大學參加的Associateship Program，是針對專業的在職進修人士（包括學術界與行政主管）所辦。當初黃光雄即參加此program，並對它肯定有加。參加的學員來自各種不同的專業領域，課程針對不同的領域或主題而開，學員可以自由選擇相關或有興趣的領域、授課老師上課，沒有硬性規定必修課程。

「在英國念研究所，完全是師徒制，最主要是跟著指導教授學習，指導教授說該上什麼課才去上，其他就看個人的興趣與時間。」在師徒制的研究所生態中，並未規定研究生要修多少學分，所以能不能拿到碩博士學位，生殺大權完全操之在指導教授的手上。「因此，找對指導教授相當重要，萬一師生彼此看不對眼，那就完全沒有翻身之地了。」

陳伯璋上課的次數並不多，除了跟指導教授John Hayes（歐陸哲學學者）及B. Bernstein（英國教育社會學家）討論專題研究——「知識社會學」的內容，其餘時間不是到處聽演講，就是遍覽圖書館的書，及埋首撰寫研究論文。在他上過的五、六次課中，看到的大都是來自英國國協一些小國的學員，東方人除了他以外，僅看到另外一人。「早年我們無論是出國留學或進修，幾乎一面倒向美國。其實，英國有許多學校非常值得去研讀，近幾年終於有些突破與轉變。」

英式英語在一開始時，讓他聽得很吃力，但是聽多了以後也就習慣了。不過，由於上課次數少，較少與英國人互動，唯一常互動的指導教授John Hayes，也因為顧慮到他是外國學生，所以會放慢速度與他談話。「我在美國進修時，英語會話能力進步許多，但在英國卻退步了。」

英國是個歷史悠久的文明古國，無論是大學校園內的建築，或是圖書館內的藏書，都顯露出歷史的痕跡。「圖書館裡有許多古書，翻動那些書讓人膽戰心驚，好像一個不小心，那些書就會碎掉。」堪稱「圖書館達人」的陳伯璋形容：「圖書館就像是一所大學的靈魂！」喜愛流連於圖書館書堆的他，每當一進入圖書館，看到星羅棋布的藏書，總忍不住肅然起敬，為前人的智慧結晶讚嘆，也反省到自己的望塵莫及。

拜謁哲學大師Karl Popper

離倫敦大約一個半小時車程的劍橋大學，也是他的朝聖之地。「我幾乎每個月會去一趟。」其中的「國王學院」（King's College, Cambridge）最令他流連忘返。國王學院在一四四一年由英國國王亨利六世所創立，建築宏偉壯觀。主要入口是雄偉的十九世紀哥德式門樓，還有已經成為整個劍橋鎮標誌的「國王禮拜堂」（King's College Chapel）。它不僅是劍橋哥德式建築的一大代表，也是中世紀晚期英國建築的重要典範。

國王學院還擁有一座很大很美的後花園。行走在靜謐、典雅的校園裡，陳伯璋心中不斷浮現徐志摩〈再別康橋〉詩中那句：「在康河的柔波裡，我甘心做一條水草……」感動與傾心，讓人更謙卑、更容易滿足。

擁有六百多年歷史的劍橋大學，是歷來誕生最多諾貝爾獎得主的高等學府，曾有八十多名諾貝爾獎得主，在此校執教或學習。「一走進這所出了許多偉人的名校，心中就感受到那股『典型在夙昔』的氣氛。這種學習環境對人的默化影響，就是潛在課程所說的『情與意的學習』。」他進一步闡釋：「在學術、人文氣息的氛圍如此濃厚的環境下，人與人之間的學習、互動，甚至於人與自然的互動，都會刺激人的求知欲和上進心。」

領受過境教的洗禮外，陳伯璋甚至有幸親炙八十多歲的退休教授Karl Popper（一九〇二～一九九四）的言教與身教。

Karl Popper出生於維也納，一九四六年遷居英國，在LSE（倫敦政經學院）講解邏輯和科學方法論，一九四九年獲得教授職銜。一九六五年，獲得女皇伊麗莎白二世冊封爵位，一九七六年當選皇家科學院院士。

Karl Popper是陳伯璋仰慕多年的學者，他的諸多論著，如《開放社會及其敵人》、研究方法中的《否證論》等，都影響他甚深。「否證論的意思是，任何知識都有其不足與缺陷，人類知識之所以會增長，科學之所以會進步，就是在發現不足與缺陷中，做超越與修正，讓知識逐漸走向更真實的境界。所以，知識是不斷在變動的，然後逐步接近真理，但真理也不是永恆的……這樣的想法對我的影響非常大。」

Karl Popper於一九六九年自LSE退休後，即居住在倫敦的郊區。陳伯璋與曾經翻譯Karl Popper傳記的朱浤源（中央研究院研究員，那時在倫敦大學進修），搭乘一個多小時的火車，抵達這位偉大學者簡單素樸的鄉間雅舍。

學者雖然年事已高，但思緒仍舊清晰，陳伯璋終於能在Karl Popper有生之年，當面向他請益，可以說是此行所獲最隆重的禮物。

授課多年、著作影響深遠的Karl Popper，在四十七歲才獲得教授職銜，那是因為，「英國對於學術論文的發表很嚴謹，獲得教授職銜的學者如鳳毛麟角。」但也因為他們治學的態度嚴謹，「世界各國的學術及藝術，都將倫敦視為重要的一站。」

藝術蓬勃發展的倫敦，藝術表演活動琳瑯滿目，「尤其以泰晤士河的南岸為藝術重鎮，

與朱浤源拜訪隱居在倫敦鄉間的K.Popper。（1986）

美術館、博物館、音樂廳林立。」夏天經過不收門票的大英博物館時，陳伯璋都會走進去吹吹冷氣。英國對於文化藝術，可說是毫不吝惜地與民眾分享。「五英鎊以內的學生票，就可以買到前排的座位。」陳伯璋回味無窮地說：「位子好到可以看見馬友友一面拉大提琴，一面流汗。」在英國這一年，最過癮的莫過於以少少的錢，欣賞好多場精采的音樂會。

每到週末假日，他就邀約同在倫敦大學進修的週末派老友辜振豐，白天逛逛海德公園、書店、書攤，晚上聽一場音樂會。多霧的倫敦，冬天倒不是非常寒冷。「大概是零到十度，下雪的日子只碰過一、兩次。」所以他喜愛的活動也就可以全年無休地進行。

在大眾運輸甚為發達的倫敦，開車是極為不智的，所以他無論去哪兒，都搭乘大眾運輸工具，而這也是觀察英國人民的好機會。「他們通常都是面無表情、正襟危坐，男的西裝筆挺，女的襯衫窄裙或套裝。每個人都埋首在手上的書報雜誌，很少交談。」但也不盡然都是衣著光鮮的英國人，地鐵出口處，不時見到歪歪倒倒的醉客、流浪漢。英國社會有很強的階級意識，連學校的洗手間都區分為老師專用與學生使用兩種。

罷工釋放負面社會能量

有強烈民族優越感的英國，對移民政策的把關一向嚴苛，但因它同時又是殖民地的宗主國。因此，印度、孟加拉、巴基斯坦、非洲等殖民國家的人民紛紛湧入謀生，但大都只能居於社會的底層。「開雜貨店，工作超時的大都是印度人。」倫敦有個殖民國家人民集中的地區，那是許多英國人一輩子都不想踏入一步的地方。

「但是，昔日的日不落國，如今也沒落了。」保守黨的柴契爾夫人一就任英國首相，立刻幫已經阮囊羞澀的國庫大砍社會福利。「舉凡公共福利事業，如郵局、電力公司等都走向民營化，同時也鼓勵大量招收外國學生，因為外國學生的學費比本國學生多出三倍……」柴契爾夫人為了讓英國擺脫福利國家的色彩，推動更具彈性的勞工市場。但受到八〇年代初全球經濟衰退的影響，柴契爾的政策造成了很嚴重的失業問題。

陳伯璋在英國進修那一年，街頭罷工層出不窮。「才開學兩個月，就看到我的指導教授在校門口發傳單。」原來，他是為了支持中小學老師的罷工，而幫忙散播他們加薪的訴求。過了兩、三天，上班族受不了老師們罷工後，他們得帶小孩上班，於是透過輿論向政府喊話：「拜託幫他們加薪吧！不然我們每天都要帶小孩上班了。」而郵電人員的罷工，更是茲事體大，「大家收不到殷殷期盼的信件後，終於體會出他們工作的重要性，於是也幫忙呼籲為郵電人員加薪。」這些罷工為不景氣的苦悶，找到了宣洩的出口，罷工多了，大家也就見怪不怪。「就像害了一場病之後，產生抗體一樣。」

在英國，足球明星比影視紅星還出風頭。「無論是利物浦隊或是兵工廠隊，都是媒體的寵兒，各種媒體看來看去都是他們，幾乎就像是民族英雄般！」除了足球還有板球，這兩項運動是陳伯璋在英國接觸最多的。

一年的進修課業完成時，他依舊在返國前，先來一趟自助旅行。這次除了遊覽英國的莎士比亞故居及愛丁堡，還跨越國境遍遊巴黎、瑞士、德國、奧地利、荷蘭、比利時等國。「我和辜振豐買了五天四夜巴黎自由行的票。」兩人在巴黎遍遊羅浮宮、凡爾賽宮、艾菲爾鐵塔等著名景點，「從他們的藝術表現中，充分體會到法國人不拘泥、不做作的浪漫作風。」

與辜振豐揮別後，他獨自前往德國波昂，與在波昂大學當訪問學者的楊深坑，一起遊覽海德堡、慕尼黑。在慕尼黑的廣場上，他們一面享受著德國豬腳、德國啤酒；一面悠閒地欣賞廣場上的表演活動。在波昂時，他們哥兒倆也常坐在萊茵河畔的長椅上，邊啜飲啤酒，邊吃花生。喝到興起時，第二天醒來，陳伯璋揉著惺忪的睡眼，開口第一句話就是：「坑仔，我們要不要繼續來喝啤酒？」差點成了兩個啤酒甕！

接下來的行程，陳伯璋背起行囊，千山我獨行。「我買了一張半個月期的EuroPass火車票，隨著興之所至上下火車。」當火車行過美麗的茵特拉根（Interlaken），他忍不住下火車。這裡是登少女峰的必經之地，遊客絡繹不絕。把行李安頓在一家離火車站步行約十五分鐘的一星級旅館後，他開始四處遊覽。

湖光山色之美自是不在話下，但最讓他難忘的是一間由古堡改建的賭場。這座賭場的堂皇高雅，讓最痛恨賭博的他，也忍不住走進去一窺堂奧。看著賭場的一景一物，以及穿梭在裡面的服務人員，他由衷讚嘆：「沒想到，連賭博的地方都可以這麼優雅！」

回國前，愛書人陳伯璋又做了一件瘋狂的事，這次雖然沒有因為買書而盤纏告罄，但是買書的數量卻多到令人咋舌——三十幾箱！尤其在LSE的舊書店買到尚未正式出版的書，更讓他如獲至寶。「出版社在書出版前，總是會央請頗具威望的學者試閱並推薦，有些學者看完試讀版後，隨手交給舊書店。」有心人士如他者，這下可就挖到寶了！

在英國這一年，學術研究固然為首要。但是，生活、文化上的體驗與省思，以及眼界的拓寬，更為他日後的學術生涯與為人處世，帶來饒富意義的啟發與影響。「這種遊學型的出國進修，收穫不見得比留學生少。我帶回來的知識，也比預期的還要多，足夠日後慢慢咀嚼、細細品味。」

前後到美國、英國這兩處進修，讓他省思到：「教育一定要在課堂上進行嗎？潛在課程對人的影響不是更深遠嗎？」此外，他很驕傲地發現，台灣在資訊的取得上，並沒有落後國際多少，只不過較缺乏系統。「還有，除了到美國留學外，政府也應該鼓勵留學生前往歐洲，開拓學術視野。」

我思故我在

儘管陳伯璋日後橫跨教學、行政工作，乃至於治理大學院校與公務機關，卻始終未曾停歇學術領域的研究與創見。而且，他總是走在學術研究的「前沿」，推動一個新的教育現象成立後，接著又展開另一教育現象的探究。

陳伯璋早年的博士論文「潛在課程研究」，首開國內研究潛在課程的風氣，且幾乎與歐美同步。這篇博士論文後來被出版社編纂成書，在它的引領下，潛在課程在台灣的教育界，逐日確立其定位與意義。

而在教育研究的方法論中，陳伯璋因意識到量化研究的局限，因而有系統地以論文、期刊與著作的方式，推動「質性研究」。質性研究一詞在學術界雖存在已久，但他卻是國內極早對此著力甚深的學者。當「質性研究」在他的帶動下，引起學術界普遍重視與廣泛運用後，他接著又提倡「行動研究」，「行動研究的做法就好比是『知與行』（理論與實踐），研究者與實際運作者，彼此形成一個良性循環，互相影響，互為因果。」一九八五年間，他與師大教育系系主任伍振鷟合著的〈我國近四十年來教育研究之初步檢討〉（刊載於《中國論壇》），則為教育研究的方法論，做進一步的剖析與探討。此篇論文一問世，即受到高度的肯定與無數次引用。

至於陳伯璋多年來所倡導的「課程美學」與「理念學校」，近年來已有開花結果的態勢。「課程美學」的概念，在陳伯璋的心中萌芽甚早，近幾年獲得志同道合的學者歐用生、周淑卿等教授共襄盛舉，開始藉由研討會、演講、論文發表等方式大力推動。他們並進一步組成「讀書會」，對二十多位在大學任教的成員，宣揚課程美學的旨趣，再透過這些「種籽學員」，逐步落實到中小學的教學裡。「一般人總認為，能夠經歷美學經驗的課程，不外是音樂、美術、自然、家政等課程，但其實並不盡然。課程美學突破傳統認知，重新定義每個學科的美，讓教學過程不僅是知識的傳遞與交換，更是一種美感的交流與體驗。」

「理念學校」則是陳伯璋自英國進修返國後，開始積極參與及推動的。當時，人本基金會擬創辦森林小學，得知他曾在英國與理念學校的鼻祖——夏山學校，有過深入的接觸，因而力邀他提供這方面的方向與理念。之後他又支持與協助毛毛蟲學苑（今改名為「種籽親子實驗國民小學」）、「雅歌小學」，及「慈心華德福國小」等理念學校的創辦。

目前，陳伯璋已在國家教育研究院籌備處成立理念學校的平台，期望以立法的方式，突破限制並協助其發展。再者，由於他考量到，這些突破傳統教育的理念都是舶來品，為免產生水土不服的現象，他開始建構理念學校的本土化運動，讓理念學校的「理念」，儘可能呼應國人的認知。此外，理念學校的內涵，已擴大到學校以外的範圍。「教育為什麼非要在學校裡進行？」陳伯璋心中的這份質疑，促使他將理念學校的定位，突破學校型態，也突破升學導向。

「郭雄軍校長所倡導的『遊學園』教學活動，就是一種突破學校型態的理念學校。學生在課餘時間，可以來這裡接受與傳統教育截然不同的生活化教育。」郭雄軍校長在漁光國小首創校園遊學活動，轉任至台北縣屈尺國小擔任校長後，運用新店溪的人文典故、溪流景觀、自然生態、文山農場有機茶園等特色資源，推出「水岸茶園遊學系列」，並將廣興分校區打造成「藝術溪流」特色學校。接著，以體制學校的立場，結合宜蘭頭城農場、苗栗飛牛牧場、南投水里森林會館、屏東恆春農場等四家農牧林場，共同經營遊學園型式的「創擬實驗學校」。

從「潛在課程」到「質性研究」、「行動研究」，再到「課程美學」與「理念學校」，陳伯璋不僅走在教育現象的前沿，而他所倡議的都是一種較為人性化、較側重人文層面，且與傳統理念有所背離的新思潮與新現象。

正在醞釀、反芻的「樂活新教育」，可以說是他對於生活與教育的全面性觀照，也是更臻圓融的人文思維。他從實與虛、多與少、快與慢三個角度，檢驗普羅大眾行之既久的生活態度與教育現象，並且重新省思、探索出，讓人快樂地活、自在地學的可能性。

第四章　因材施教

初為人師的見聞與省思

民國六十年師大結業後，同年九月，陳伯璋遠赴台東師專擔任助教。學業成績優異的他，照說可以留在台北市的中學任教，但他為了心無旁騖準備研究所考試，刻意選擇一個遠離塵囂的偏遠學校實習。

富足的人情味

外地來的單身老師，就住在學校提供的月租一百元的日式宿舍。那些改建成一間一間的單人日式宿舍裡，只容得下一張床、一張書桌和一個衣櫃。衛浴設備是共用的，不在房間內。「和我後來服兵役住的軍營一樣簡樸。」

居住環境雖然簡單到近乎簡陋，但是左鄰右舍的情誼卻讓他覺得富足。住在同一棟宿舍的講師葉于釧和黃達三，一個畢業自政大教育研究所，一個畢業自師大生物系，他們都很熱心地照顧他這位學弟，課餘並經常相約打籃球。另外還有兩對同在台東師專任教的夫妻檔——林文寶及洪固兩對夫妻。逢年過節時，他們常邀請陳伯璋到家中作客。「他們都很喜歡文學，我們常聚在一塊兒，天南地北聊文學。」喜愛文學的林文寶，日後還成為台灣第一位兒童文學研究所所長。

除了室友、同事的情感融洽，那位專門為單身宿舍打點三餐的歐巴桑，也令他印象深刻。「歐巴桑有幾道獨門料理，一有機會就會露一手，幫我們加菜。」每當大雨過後，歐巴桑拗不過那幾個嘴饞大男生的撒嬌，就會騎上腳踏車，到知本林間無污染的地方找尋大田螺。這些豐腴碩大的田螺，經過歐巴桑巧手處理乾淨後，加上九層塔、辣椒、蒜頭一起炒，就是一道讓整棟單身宿舍香味四溢的佳餚！

「我的身材就是在那時奠定基礎的！」他自我解嘲地說。盧美貴也糗他：「身材就像灌了風一樣膨脹起來。」那都是拜生活及飲食規律所賜。

位在北回歸線以南的台東，氣候相當炎熱。「那時還鋪不起柏油路，大都是碎石子路，東北季風一吹，到處黃沙滾滾、塵土飛揚，讓人睜不開眼睛。」但是，除了擾人的「風吹沙」，自然原始的風光，卻也迷人非常。

每到假日，他和一起申請到台東師專擔任助教的同班同學江進發，就相約早起爬鯉魚山，傍晚去海邊散步、海釣。「鯉魚山上有胡適的父親胡鐵花之墓。」去海邊的那條路，會經過一處農業改良場，當腳踏車行經此地，放眼望去一整片綠油油的稻田、玉米田……「真讓人心曠神怡。」

江進發不僅是他遊覽台東及打球的伴，更是讀書的良伴。當初兩人就是計畫好要到單純、偏遠的台東師專實習，以便潛心準備研究所考試。兩人在教學之餘，互相砥礪準備考試。「我們念書採分工合作的方式，比方念心理學時，我念皮亞傑的認知發展論，他念馬斯洛的需求層次理論，然後再互相講給對方聽。」這樣不僅可以節省彼此看書的時間，而且因為要講解給對方聽，會念得特別透澈。

他們的「分工合作讀書法」顯然奏效了！一年後，他考取師大教育研究所，江進發考取政大教育研究所。除了成就自己的學業外，他倆還促成一段姻緣。「我們將學姊介紹給黃達三，他們兩人結婚後，一起在台東師專任教。」

台東不僅風光自然原始，民風也非常純樸。有一次，陳伯璋騎腳踏車到鎮上，看炮炸寒單爺的民俗活動。歡欣熱鬧的氣氛讓他有點興奮過頭，以至於活動結束時竟忘了腳踏車停在何處。在人群雜沓中，他只好放棄尋找，怏怏不樂走回學校宿舍。過了幾天，他到街上辦事，在某戶人家門口，竟然看見了先前遺失的腳踏車。

按捺住心中的喜悅，他試探性詢問門口的歐巴桑，那輛腳踏車是誰的？歐巴桑說她不清楚，以前好像沒見過。他這才說出那輛腳踏車是他的。歐巴桑聽他這麼一說，不假思索地回答：「既然是你的，你就騎回去吧！」這麼輕易就相信他的話啦？陳伯璋對那位歐巴桑不疑有他的信任度，感到不可思議！

愛心彌補資源不足

台東師專的學生，也和台東的民風一樣純樸乖巧。當時，學校有些近乎嚴苛的規定，他們還是奉行不悖。「軍人出身的校長劉效騫，以訓練部隊的思考模式帶領學校。」不僅通鋪式的學生宿舍像軍營；清早起床參加升旗典禮，以及起床後把被子疊得像豆腐乾一樣方正；晚自習有晚點名等，也都是部隊的訓練方式。「其中最讓人啼笑皆非的規定是：跳土風舞時，只能男生跟男生跳，女生跟女生跳！」男女學生課後如果想聊天，還得先去訓導處登記，不登記被逮到的話，就要以記過處分。

如此嚴格、紀律分明的教育方式，的確讓學生的生活較規律，且因為較沒有機會談戀愛，也就比較不會胡思亂想。但是，「在保守、權威的教育方式下，學生的思想容易變成一元化，缺乏獨立思考與批判的能力。」

這種住校且有晚自習的教育形態，有一個特點，那就是師生的情感特別深厚。「老師從早到晚陪伴、指導學生，師生間互動密切，從而奠定深厚的感情。即使畢業數年，學生還是會回學校探望老師。」陳伯璋雖然只在台東師專實習一年，但他當年所帶的一年丙班學生中，日後曾擔任台北縣教育局局長，及教育廣播電台台長的劉文通，至今仍與他保持聯絡。「師範生的師生互動，就是一種潛在課程。」

當時在台東師專「實習輔導處」工作的他，除了教學外，還要到附近小學輔導。「實習輔導讓我對教學現場有較深刻的了解。以前在師大，念的都是書本上的知識，藉著實習輔導，實地與小學生互動，輔導他們解決問題。」在輔導過程中，他還碰到一些讓人心生感慨的事。

「有一次去鹿野鄉的一所國小輔導，聽到校長對一位老師說：『這次你帶學生去參加躲避球比賽，雖然我們的學生實力不錯，但是只要得第二名就好，不要得到冠軍！』」陳伯璋聽了很詫異。後來才知道，偏遠地區小學每年的差旅費補助甚少。如果在鄉鎮得到第一名，接下來就要到中部、北部，甚至西部等外縣市參加決賽。一趟帶隊出去，少說也要三、五天，這樣一來，恐怕得耗掉整個學期一半以上的差旅費預算。

聽到這樣的事，他頓感社會真的很不公平！「他們只不過是生長在較貧困的地方，就剝奪他們各種潛能開發的機會以及發展的可能性，這樣還談什麼社會的公平正義、教育機會均等？」這也是日後他的學術研究逐漸轉向社會學的原因。

偏遠地區求學環境之困頓，資源之貧乏，是許多人無法想像的。「有一次我和江進發去池上鄉的電光國小輔導，途中必須涉水渡過一條河。」這條河最深之處幾達胸部，兩人將脫下來的鞋襪和隨身提包，一起頂在頭上，赤著腳走在河流中。上岸後，狼狽不堪的兩人，趕緊找地方換下濕漉漉的衣褲，穿上預先準備的另一套。

但是，任憑資源再貧乏，只要有心，仍舊能給學生一個富足多采的童年。在鄧子翩老師敬業、無私的專業精神上，他看到讓人感動一輩子的教育愛。

鄧老師號稱「三寶老師」。三寶指的是：氣象、動物、植物。鄧老師本身教自然，他除了幫學校整理出一個教學園區，還設置了一個可以測出晴雨的氣象儀器。在教學園區內，他為各種植物分門別類，並仔細寫下解說牌；此外，還有個小小動物園，蒐集了昆蟲、魚類、爬蟲類及野生動物等。

鄧老師不僅就地取材，用心營造出繽紛多姿的植物園、動物園、氣象台，還精心剪輯一本彩色書冊，配合自然課的教材，時不時給學生們一點「顏色」看。「那個時代，所有教科書都是黑白的，連市面上的書報雜誌也難得看到彩色印刷。」鄧老師自掏腰包，訂閱當時「唯二」有彩色印刷雜誌的其中之一——《今日世界》（另一本是《拾穗》），然後慎重地剪下雜誌上僅有的四面彩色頁，剪貼成冊。

小朋友們對鄧老師的彩色書愛不釋手，因此上自然課時總是滿心期待：「不曉得鄧老師今天又要給我們看什麼了？」鄧老師的用心，激發了學生對自然課的興趣，也變成台東地區各小學校長爭相挖角的對象。

「在一個物資匱乏的地區，因為老師的一顆心，學生的求學過程也可以從黑白變成彩色。」在台東師專實習的那一年，陳伯璋不僅充分享受了一段悠悠哉哉教書、讀書的歲月，也有機會將知識及理念運用在教學現場。此外，瞭解到城鄉差距的不公平，及專業精神的重要，也讓他更確定下一步要如何跨出去。

海軍陸戰隊的震撼

一九七二年七月，在台東師專的實習已結束，陳伯璋雖然早在五月初即順利考上師大教育研究所，但因服兵役的時間已到，只好先辦保留學籍，上成功嶺受訓去。「我們這屆的運氣真差！以往服役的期限是一年，但是從我們這屆開始，卻延長為兩年。」雖然大家怨聲載道，但也別無選擇。運氣更背的是，下部隊前的抽籤，他竟然抽到讓阿兵哥聞之色變的「上上籤」——海軍陸戰隊！

海軍陸戰隊的阿兵哥們，必須是甲等體位，但軍官只要符合乙等體位即可。雖然乙等體位的預官，不必接受如阿兵哥般嚴酷、苛刻的魔鬼訓練，「但是，每天早上背著裝備在沙灘上跑步，也是夠讓人受的！」在經過非一般人能夠承受的魔鬼訓練後，這些原本就是甲等體位的海軍陸戰隊健兒們，體力、耐力更是無人能及，「所以，許多海軍陸戰隊的阿兵哥，退伍後不是當保鑣，就是特勤人員。」

在下部隊前，先要在成功嶺接受三個月的基本訓練。「在成功嶺受訓的時候，心情很苦悶，所以我偷看郭衣洞（柏楊）、李敖的書。」乍然接觸到「合理的要求是訓練，不合理的要求是磨練」的軍中文化，講道理慣了的大專兵們，難免產生有理難伸的鬱悶。因此，看一些反權威、反制度的言論，也算是一種情緒的發洩。不過，這些書雖然未被公然查禁，但還是得偷偷摸摸地看。「我出操的時候帶在身上，趁休息時看個幾段。」

除了看這些唱反調的書，可以抒發鬱悶的心情外，「寫情書也是心中一大慰藉，所以我寫得很勤快，幾乎兩天寫一封。」接獲女友寫來的信，更是有如荒漠中的一道甘泉。「一遇有連續假日，我就不遠千里，飛奔台北會女友；而不是回到距離不遠的屏東老家看爸媽。」他自嘲地說。其實，與女友會面不僅撫慰相思之苦，更能獲得外界的訊息。「軍中的對外訊息幾乎是封閉的，與盧老師見面時，她會告訴我一些外界的重要訊息。」

離開成功嶺後，接著就到高雄鳳山的衛武營，接受為期三個月的一般軍官訓練。「也就是在這裡抽籤時，我先是抽到『海軍』，接著抽到『陸戰隊』！」由於他是政戰官，所以結訓後再到政工幹校受訓三個月。然後就分發到位於高雄縣林園的岸勤營。「我們的部隊在海邊。岸勤營的任務就是，反攻大陸時負責第一個登陸，發第一槍！」

在海軍陸戰隊嘗到的最大苦頭是體能與耐力的磨練。連嚴苛程度不及大兵們十分之一的軍官，都叫苦連天，何況是首當其衝的他們。「但是，經過了這麼困難的訓練之後，不僅培養出堅強的體魄和堅忍的意志力，還可以激發出對自己渡過難關的信心。」

陸戰隊講究服從，恪遵鐵的紀律，並將榮譽視為第二生命。舉凡比賽都想拿第一，做個「英雄中的英雄」。「軍事訓練是個比較特殊的教育。它訓練人要堅忍，遇到不合理的事就忍。」這和鼓勵獨立思考的大學教育完全悖離。「但是，戰爭本來就是不合理、不合人性的狀況。當面臨生死考驗的時候，要以非常的力量，非常的想法去走過！所以，某些表面上看起來不合理的軍事訓練，其實有它的必要性。」

在岸勤營大約過了三個月，適逢招考教官，他去應考後順利考上，於是離開偏遠的海邊部隊岸勤營，改分發到左營的陸戰隊士官學校擔任教官。身為政戰官的他，負責幫阿兵哥上政治課，「那時有一堂『領袖行誼』的課，專門介紹偉大的民族救星蔣中正。」對於部隊裡把人神格化的作風，他覺得不以為然；對於「反攻大陸」的口號，他也頗為質疑。「儘管我們心裡懷疑，但還是要建立士兵信心。所以我們的說辭是：三分軍事，七分政治。以思想去統戰。」

在左營的士官學校服役，比在部隊輕鬆多了，而且是上下班制。下班後，他們有時會邀約幾個同袍好友，逛逛左營市區。「台大社會系畢業的秦文力，和政大教育系畢業的楊英邦，和我睡上、下鋪，我們志同道合，感情相當好。」在這段期間，陳伯璋除了為將來念研究所而勤讀英文書籍外，還學會了英文打字。「學習英打是我送給自己最好的禮物！」這項技能日後在他到美國及英國進修時，尤其發揮很大的效用。

對於服兵役，陳伯璋抱持肯定的態度。「軍事訓練能夠磨練出一個人的意志力、耐力、體力，以及冒險犯難的精神。每個男生在成長過程中，經歷過如此特殊的訓練後，大都能激發出度過困境的潛力！同時，心智更臻成熟，能力與思想也會更開闊。」

尤其在陸戰隊的領導階層身上，更讓他看到「高關懷高倡導」的實踐。「陸戰隊許多高階軍官，雖然對部下要求嚴格，卻也能付出關心。」這樣的做法放諸四海皆準，無論是父母對子女，老師對學生，都是一種良好的示範，「尤其能給主流教育一些省思。」

母校教學二十餘載

到教育系擔任講師的過程，可說是一波三折。最初因為省籍問題，差點被拒之於門外，後來在所長兼系主任黃昆輝的力薦下，終於順利得到這個職位。但因他原本是教育研究所的研究助理，如今調升為教育系講師，在系、所常暗自較勁的情形下，他的處境顯得特別尷尬。系裡的人一發現他的背景時，常意在言外地說：「你是所的人喔！」但是，講師要升等就必須經過系這一關，因此他特別謹慎處理這些事，不僅安分守己做研究、教學，更注意別冒犯了系裡的人。

黃昆輝所長曾勉勵他：「不要擔心升等的問題，只要學問做得好、做得扎實，博士論文受到肯定，有真才實料，別人想壓也壓不住。」此後他念茲在茲要把博士論文寫好，最後果然交出一篇讓所有人肯定、讚賞的論文傑作。

剛開始擔任講師時，系上安排他到教育系以外的系別，如體育系、音樂系、化學系、數學系等，教授「教育概論」、「中等教育」。到這些系上課，倒也有些特別的體驗。「我教的體育系學生中，有一位後來成為赫赫有名的籃球國手，及職籃、國家隊、SBL的總教練。」那就是鍾枝萌。鍾枝萌當年還講了一番頗有見地的話啟發了他。

當世界盃足球賽如火如荼在全世界開播，陳伯璋某次上體育系的課時，為了投其所好，和學生聊起世界盃足球賽。鍾枝萌說，無論是籃球、足球、棒球，如果沒有團隊在後面支撐，一個人也成不了英雄。所以，「體育不僅是體能及技能的表現，群育的觀念也很重要。」再說到球類比賽，從一次又一次的傳球中，「彷彿能看到音樂的律動。」他原本心裡嘀咕著體育系學生不用功，卻因為鍾枝萌的這番見解，而有了不同的看法。

非常鼓勵學生多多參加社團活動的他，曾經帶領教育系「山地服務隊」的學生，到山裡的小學考察當地的教育狀況。「住在山上一個多禮拜後，學生們對於城鄉差距有了更深一層的體會，這對於他們日後從事教育工作不無幫助。」

致力於研究潛在課程，並具有批判精神的陳伯璋，也常鼓勵學生學習如何批判。「教學這麼多年下來，我常期許自己要多關心學生，但是很遺憾的，我幾乎都脫離不了行政職，所以無法花較多時間與學生互動。」他從黃光雄教授身上，看到他如何與學生互動，如何提拔學生，給學生機會，不僅深受感動與啟發，也常期許自己要向他學習。只是，受限於時間、精力，他的關心也只能及於曾經指導過的研究生。

陳伯璋指導過的研究生，除了他曾經任教的師大、淡大、致遠外，還有外校（如東吳、暨南、台北教大）慕名而來的研究生。「面對不同資質的學生，要調整自己的教學標準與方式。」陳伯璋認為，老師不能以「朽木不可雕」為由，放棄學生。「就算不可雕，在經過整治後，亦可以供人欣賞啊！」

看到目前大學教師的升等，側重其研究成果，陳伯璋不禁憂心忡忡。「大學教師如果長時間花在自己的研究上，難免疏於對學生的關心與照顧，甚至無法專注在教學上。」而且，同樣是教學，大學教師較樂於教導能對自己的研究有幫助的研究生，對於大學生則興趣缺缺。「但是，大學教育是高等教育的啟蒙，更需要老師悉心教導。」他認為，唯有重視教學的考核比例，才能改善此情形。

因應不同資質，調整教學語言

陳伯璋在淡江大學主要的工作是行政主管（高等教育研究中心主任及教育學院院長），授課的時間雖不多，但在少數幾堂課中，他還是發現到學生的差異。淡江教育研究所的學生，不像師大教育研究所的學生，大都有教育學科的訓練。「雖然一開始要多花點時間，在教育的背景及脈絡上加以引導，但他們很快就進入狀況。」尤其，如果學生過去學的是與教育領域相關的人文社會科學類，就更容易進入狀況。不僅如此，「還能因為來自不同領域，而帶來更多元化的互動。」

這是他第一次在私立綜合性大學研究所教書，學生不僅是過去所修習的系別與師大研究生大不相同，上課的態度也各異其趣。早上的課，學生通常姍姍來遲，無精打采，甚至有人缺席。「我後來才知道，許多學生在課餘時，都得打工賺取學費，難怪上起課來精神不濟。」雖然看似不像師大學生那般精進，但不見得素質較差。

陳伯璋指導過的一名研究生，至今仍讓他感到與有榮焉。「我原本對那位研究生沒什麼好感，覺得她上課不專心又聒噪。」沒想到她卻請他擔任指導教授。在指導她的碩士論文的過程，發現她舉一反三、認真積極，是個可造之材。她的論文完成時，果然受到其他教授讚賞，成為班上屬一屬二的論文佳作。不僅如此，他們師生後來還在國際性學術期刊共同發表論文。

「一流大學的學生，表現傑出固然令人欣喜。但是，原本不怎麼看好的學生，經過你的指導而有卓越的表現，那種成就感更大！」

淡大在城區部的進修推廣中心舉辦的「在職研究所學分班」，是便利在職人士取得碩士學位的管道。在職人士可以不經考試，先在此學分班修習研究所課程。「先修習研究所課程的好處是，看看自己是否真的有興趣攻讀碩士學位，而且在這裡修得的學分，將來正式考上研究所時，都可以抵掉。」

當時，「在職研究所學分班」不僅吸收了中小學老師在職進修，甚至連軍校「校級」以上的軍官，及立法委員如李顯榮、王淑慧等人，也都來上課。「這些學生都有豐富的社會經驗，智慧不在教授之下。」為了讓這麼實用的進修管道更普及，他在任內並創辦幼教老師進修之路。「這是和盧美貴老師合作推動的。」這個創舉獲得很好的迴響，許多幼稚園園長，以及董事長都來共襄盛舉。

近一、兩年，在台南致遠管理學院講授的在職進修班，學生有來自屏東、嘉義、雲林的中小學校長、主任及老師等。「對這些有專業經驗的學生授課，必須深入淺出，將理論知識轉化。理論要能接受生活的檢驗，看看在日常生活中是否行得通。」他認為，這是對大學教授的一大考驗，如果堅持某種學術用語或理念，就會和不同領域、不同資質的學生格格不入。

不僅研究所的研究生背景各異，連大學生也分高中畢業生、在職生，甚至退休人士。「所以，教授不能用唯一的標準評核學生。」他以自己在美國進修的經驗指出，「好的入學設計應該是多樣性的。可以讓不同身分背景的人齊聚一堂，相互刺激、交流，以瞭解和自己全然不同的觀點。」

「雖然，以嚴格的學術標準來看在職研究生，會覺得有很大的落差。但是，學術不一定要高高在上。理論的智慧與實踐的智慧，不應該是相違背的。」以美國為例，有供「搭直達車」升學管道念的博士學位──Ph. D.；也有供具備實戰經驗（如行政與教學經驗）者念的博士學位──Ed. D.。

在致遠教書一年，他不僅發現南部學生的求知欲不輸給北部學生；南部學生的熱情，也是北部學生無法望其項背的。「這一年裡，每個節令我都有吃不完的各色水果！」這些都是學生們赤忱實惠的「束脩」。

第五章　改革大業溫和中見堅持

接掌師大進修部主任

一九八八年，一面寫博士論文，一面擔任講師的陳伯璋，為了讓兒子就近念師大附幼，遷居到近在咫尺的雲和街。沒想到因為住得近，卻讓他接手師大進修部的職務。那時，高他一屆的學長謝文全，請他擔任進修部副主任的職務時，就是以「住得近」這個理由，讓他無法推辭。

「我當時告訴他，擔任行政工作並非我的志趣。」之前，黃昆輝所長即推薦他擔任新竹實驗中學校長，但因他的志向是當個學者，做研究，所以婉謝恩師的提攜，如今他同樣缺乏意願做行政工作。

但是謝文全遊說他，副主任上有主任頂著，下有組長分憂解勞，他只須做些居間協調的工作即可，「況且，你住得離學校那麼近，很方便啊！」學校離家近，是無法反駁的事實，他也就只好接下謝文全口中，不怎麼需要操勞的副主任工作。

誰知，一年後，謝文全因病請辭進修部主任一職，並且向新任校長梁尚勇大力推薦，由副主任接手。當梁尚勇校長以：「學長那麼肯定你，你應該很能勝任，就多為教育服務吧！何況，你住得離學校那麼近……」勸進他時，他還試圖為自己解套。後來，返家與妻子商量後，在妻子的支持與鼓勵下，他只好答應梁校長，披掛上陣。「沒想到，一做就是六年。」

那時，在職進修的風氣已開，作為在職老師進修首選的師範大學，學生紛至沓來。「最鼎盛的時候，我們進修部的學生超過四千多人，而日間部學生不到三千人。」進修部那時的班別有，供師專生進修的在職老師「學士學位班」，以及供已有大學文憑在職老師進修的「碩士四十學分班」（碩士學分班雖不能取得碩士學位，但是工作的職級可以升等，亦可加薪）。

擔任師大進修部主任時，與好友歐用生（右邊）等人，合攝於進修大樓。（1990）

進修班開課的時間從夜間、週末假日、暑期，到巡迴班都有。「巡迴班就是師大的老師在花蓮師院及台東師院開課，讓東部的在職老師也能進修。」

由於進修部的學生比日間部多出一千多人，且有獨立的系主任及各行政單位，「所以就像是個小型的師範大學。」這個「小型」師範大學，不僅規模大過日間部，收入也可支援日間部，可說是師大重要的財庫。各單位需要經費時，都得向進修部拜碼頭；而進修部主任，可說是各方討好的對象，「甚至有『喊水會結凍』的氣勢！」

這樣一個風光神氣、呼風喚雨的角色，讓他初嘗權力的滋味。但他一點兒也不戀棧，隨時都想重回單純的學術與研究工作。「我們這種研究批判理論的人，把權勢看得很淡，知道它並不是長久的東西，在其位就有，不在其位就沒了！」

他從英國倫敦進修回來時，本來有機會去中研院工作，但因考慮到教書才能將自己重要的觀點有效地傳播出去，所以留在師大。那時他在「在職研究所學分班」授課，面對的學生大都是國中小學的校長、主任，一些重要的理念，如教育公平、禁止體罰等，因而能夠發揮直接的影響力。

因此，他一直嚮往回到教育第一線及專心做研究，但幾次提出辭呈，都被剛上任的校長慰留。「那段期間，師大正好換了幾位校長，每位校長都說：『我才剛上

為花蓮進修班學員專題演講。（1995）

任，你就留下來幫幫我的忙吧！』」心軟的他只好一年又一年做下去。由於過去在學術單位時，深知資源分配受制於行政單位之苦，因此當他站在最高點（「搖錢樹」行政單位主管）時，常放寬支援學術單位的標準。

這個「喊水會結凍」的位子，可不是那麼容易當的。「我幾乎是7-11！」雖然進修部的辦公時間從下午兩點開始，但是他必須早上就到學校上課、開會。晚上一直忙到夜間部學生下課了，才能離開學校。

此外，細碎繁瑣的會計問題及複雜的人事問題，是他最感棘手的。尤其是人事問題，有些具有公務員資格的「前朝遺老」，或是主管推薦給他的人選，即使後來發現不合用，他也只能睜一隻眼閉一隻眼，「盡量看他的優點，至於他的缺點，就把它『存而不論』，放進括號中。」至於不合用的臨時聘雇人員，挨到聘雇時間終了，就以不續聘的方式處理。

如此一來，卻衍生出「勞役不均」的問題。有些人忙得像顆陀螺，有些人卻無所事事。忙的人在忙得不可開交之際，難免心生不平，「要將勞役不均調整均衡，是最困難的！因為你明明知道某些人辦事不力、不適任，卻還是得將工作分配給他們。」

另一件讓他憂心忡忡的事是，長年約聘的臨時雇員，屆齡退休時卻拿不到退休金的問題，該怎麼解決？那時，政府對於這些臨時雇員，並未提供任何退休金。許多公家單位的臨時雇員，一做就是大半輩子，年老力衰退休時，卻拿不到任何退休津貼。

所幸，後來行政院立下一個規定，除了聘雇單位每個月撥出一小筆款項，作為其日後的退休金外，也從雇員每個月的薪資扣除一小部分。雖然這項規定在他任內尚未設立，但幸好他在任時，並無任何資深雇員退休。「否則我真不知道要如何是好！」

進修部主任是陳伯璋的第一個行政工作，「它奠定了我的行政歷練。」而這項歷練，以及因為巡迴班而接觸花蓮師範學院，強化了日後擔任花蓮師範學院校長的機會。

花蓮師院第一位民選校長

屢辭不成的進修部主任一職，終於在一九九三年甄選上花蓮師範學院校長時，師大校長才放行讓他另謀高就。

當時有三位教授競逐，除了他以外，另一位是出身自花師校友的師大教授，以及花蓮師範學院院內推薦的一位系主任。校長甄選分為兩階段：第一階段由花蓮師範學院評選，他們選出陳伯璋及花師那位系主任後，送請教育部決選；教育部依據個人的著作、學經歷、治校理念等書面資料及面試，選出陳伯璋。然後再送請行政

第一任民選花蓮師範學院校長上任囉！（1993）

院核定公佈。就這樣，他成了花蓮師範學院第一位民選校長。

奮力揮舞改革大旗

雖是攀登生涯發展的更高峰，但是對行政工作一向抗拒的他，還是在下決定前再三遲疑，並多方請示恩師黃昆輝，及師長輩的郭為藩、黃光雄等人的意見。陳伯璋念碩士班時，曾旁聽郭為藩在教育研究所開的課。「感覺他是個木訥、靦腆的人，但他的學問很扎實。」念博士班時，郭為藩擔任師大校長，兩人仍然較少直接接觸，直到陳伯璋接任進修部副主任、主任，才與郭校長頻繁互動。之後他所參與的花師校長甄選及上任，也都受到郭為藩教授的鼓勵。

黃光雄則是他前兩任的進修部主任，而且他曾任花蓮師範學院教務主任，是他決定是否任職花師校長，不能錯過的請益對象。他們都鼓勵他：「去吧！去經歷一點不一樣的東西！」「你過去一直當幕僚，現在試著去當家看看！」

此外，因為巡迴班的關係，已經在花蓮師範學院任教一段時間的學長們，也都認為他是最合適的人選。再加上已卸任的陳迺臣校長，是妻子盧美貴在市立師院時的同事，他們夫妻在親自造訪並聽取陳校長的意見後，也對花蓮師範學院有了更進一步的瞭解。

走馬上任第一件事就是——「多角化經營」，以提升花蓮師範學院的競爭力。當時，師範學院升等為教育大學的理念尚不成熟，但是他已經意識到，如果僅維持在師範學院的規格，將招收不到更多學生。「一個大學要符合最適規模的經營，必須有五千名學生以上。」但是，花蓮師範學院的學生那時還不到三千人。更重要的是，以師資培育為主的師範學院，隸屬於教育部中教司管轄，能夠分配到的資源，遠不及隸屬於高教司的綜合性大學。「九個師範學院的經費加起來，才等於一所成功大學的經費！」

「清華大學不但老師有研究室，連專任研究助理也有研究室。反觀花蓮師範學院，六個老師共用一間辦公室，僅以夾板作為屏風。甚至連實驗室的設備也不及高雄中學！」這些情形讓他警覺到，「師範院校已面臨挑戰，如果仍維持原來的角色及功能，在資源的爭取上將處於劣勢。」

不僅師範學院的資源不及綜合性大學，同樣是師範學院，也會因為城鄉差距，而受到不公平的對待。「我常向教育部的會計室建議，從北部到教育部開會的時間與距離，和從東西部過去，根本不能相提並論。但是，教育部編列的差旅費卻一律以人頭計，這不是對偏遠地區的學校很不公平嗎？應該要根據實際的差異給予差別待遇吧！」

此外，東部院校的音樂系要聘請音樂老師時，大都只能往北部、西部找。但是，老師們一聽到要去遙遠的東部上課時，都希望校方能一次排個四到六節課。「音樂老師的鐘點費頗高，而且又要給他們來回的交通津貼，這些錢往往佔去全部經費的二分之一！」

對於教育部編列預算採統一標準的一刀切，陳伯璋不以為然地說：「東部的教學資源如此貧乏，難怪東部老師的流動性那麼高！」二〇〇九年到荷蘭、芬蘭考察他們的教育制度時，他發現，由於這些國家的城鄉教育發展平衡，教職員有相同的福利，因此他們反而喜歡留在鄉間任教。

為了提升師院的競爭力，陳伯璋打算在有限的資源內增設系所，以慢慢調整師院體質。當時師範院校大都只設有「國民教育研究所」，外加幾個因應中小學課程需要所開設的科系。考量到當時教育部長郭為藩的政策——希望師範學院多設教育相關的系所。他設立了國內第一所與教育有關的研究所「多元文化教育研究所」，以及「民間文學研究所」。這兩個研究所並突破以往僅有碩士班的慣例，後來也增設了博士班。

「多元文化教育研究所」的所長，陳伯璋特地向外校借將，借調了清華大學社會人類學研究所教授宋文里擔任。「他是這方面不可多得的人材，希望借重他的地位與威望，為研究所打下良好基礎。」但是陳伯璋也明白，這位備受禮遇的外來者，很可能遭遇和他一樣的排擠效應，因此在事前曾將校內的「平庸文化」向他分析，並懇請他至少待一年。

高中好友朱邦賢及其大哥到訪花蓮。（花師校長任內）

在鯉魚潭邊晨跑。（花師校長任內，1997）

一年後，「多元文化教育研究所」逐漸站穩，宋文里也提出辭呈。增設了這兩個研究所後，學生人數逐漸從原來的兩千多人，增加為三千人。此外，他還興建了一棟東部最大的體育館，並增建兩棟宿舍。花蓮師範學院驚人的成長，連當時的台北師院校長歐用生都讚嘆地說：「喔，你們衝得好快！」

重重提起，輕輕放下

除了新增系所，「改變原有的校園文化」也是他認為刻不容緩的事。「幾乎所有的師範學院，都是重教學、輕研究。」上課時數多，就能增加收入，所以老師們常致力爭取更多的授課時數。但是如此一來，校園的學術研究氛圍，以及老師們的學術成就都無法提升。所以他鼓勵教師從事學術研究，並提供經費讓老師出國進修、訪問，以及參加國內外相關的學術研討會。

當他明定出，學校老師每年必須發表幾篇學術論文後，有位系主任不以為然嗆他：「曹雪芹一輩子也不過只寫了一本《紅樓夢》！」

雖然有人因他「擋人財路」而反彈，但還是有許多年輕一輩的教師認同他的理念，願意走研究路線。他帶領這些年輕教師一起做「卓越計畫」。這項由花師、台大、央大合作的卓越計畫，一共進行了四年，成果相當受肯定。年輕學者們跟著他做研究，從中學習到如何進行一個研究計畫。「這些有抱負的年輕老師，與我的想法一致，願意以研究為導向，讓我很有成就感！」

當初陳伯璋到花蓮師範學院就任校長時，除了一名祕書，沒有帶自己的人馬過去。這麼做除了表達自己最大的誠意，也是對勸進他的學長們的信任。他一方面就地取材，例如，請當初一起競選校長的學長擔任教務長；另一方面，因應新設的研究所，物色新老師。「增聘新老師必須顧及平衡用人的原則。」也就是說，如果學校有兩組人馬各據山頭，那麼這兩組人推薦的人選都要用。

但無論他如何小心處理派系問題，總還是有人不滿意，不是抱怨他為什麼用這個人而不用那個人，就是批評他捨近求遠，不用校內人才，卻去找空降部隊。「有合適的人才我當然會用，但是新設系所的師資，卻不得不向外找尋有相關經驗者。」對於這些人事上的紛紛擾擾，他抱持的態度是：能說服的就盡量說服，說不動的就順其自然！至於該做的事、該堅持的原則，他絕對不退讓。

陳伯璋性格中批判、改革的那一面，在擔任花師校長期間表露無遺。他不僅藉由提倡學術研究、鼓勵出國進修、訪問，以改變校園文化，甚至想到一個更徹底的方式：併校。「師範學院一向保守、故步自封，只重視教學，不重視研究。但我認為，大學應該具備多樣性與異質性的文化。藉著合校，可以改變師院的校園文化。」

當時，國立東華大學在花蓮甫成立幾年，校地甚廣，且以研究為導向。陳伯璋的構想是：與研究導向的東華大學合併，可激勵花師的師院生態與文化做個轉型。而且，東華大學是一所新設大學，包袱較小，學生人數及素質與花師相當，兩校合併並沒有誰主誰從的問題，而是平等互惠。

為了讓合併之事順利進行，他預先留下三十個教師員額的缺。「我告訴當時的東華大學校長牟宗燦，有三十個教師員額的缺，可一起來調度。」這可是合校的一個大利多，因為兩校合併最大的困擾通常是，教育部給的新增教師員額甚少。只不過，此番未雨綢繆的做法，又引來諸多不滿的聲浪。尤其當一些系主任想聘用自己的人，卻不得其門而入時，更是對他「剝削用人權」感到不滿。

此外，一些資深教師及部分校友也不以為然，他們認為，師範學院自有其獨特性，沒有改變的必要。由於合校的阻力實在太大，他在任時無法順利推展，「但至少跨出協商的第一步，也勾勒出一些願景。」二〇〇〇年，國立嘉義師範學院及國立嘉義技術學院，整合而成嘉義大學。這是國內第一所整併成功的大學，但最早的合校構想，卻是陳伯璋在花師校長任內所倡。

陳伯璋還有一項政策，可說是走在教育部開放之前的創舉，那就是讓各系所自行決定聘任其主管。「我告訴各系，若原有的系主任任期屆滿，他們可以自行決定新的系主任人選。」當時，各大學校長雖已開放為民選，但是系所主管仍由校長決定聘用。因此，陳伯璋這項尊重並授權各系的做法甚受好評。

八年花師校長任內，老婆大人唯一一次探夫，留影於鯉魚潭畔。（2000）

雖然他處理複雜的人事問題，總是格外小心謹慎，但因改革就得牽涉到破壞，在破壞舊有文化與體制之際，難免「順了姑情，失了嫂意」。尤其東部地區人士，早已習慣步調緩慢、悠閒的「後山文化」，因此許多人對他的「沒事找事做」，大表不以為然。「我只有努力讓反對者的聲浪不要太高。」

客氣一點的反對者大都作壁上觀，不阻撓但也不支持，激烈一點的就會扯後腿。有一次開校務會議，有人寫了一份名為「十問」的投訴書，在會議室門口逐一發給每位參加會議的教職人員。

陳伯璋看了這份洋洋灑灑、寫下他的十大「罪狀」的文章，微微一笑說：「謝謝指教！有則改進，無則嘉勉。」

遇到此類的挫折與阻撓，雖然當下都能重重提起，輕輕放下，但還是受了內傷——兩度胃出血住院。「那些其實都是應該且迫切要做的事，但我常常在前面衝半天，猛然回頭，卻發現他們都沒有跟上來！」這種孤軍奮戰的無力感，成了午夜夢迴時深深的遺憾。後來他告訴自己：「能有個好團隊固然很好，但這都是因緣際會，無法強求的。」唯有學著提得起放得下，「遇到事情就面對它、解決它，然後放下它。」

朽木雖不可雕，卻可以欣賞

這段擔任校長的期間，除了校務，他還參與了兩件事：教改與石雕藝術推廣。在花師擔任第一任校長的第三年（一九九五年），陳伯璋受邀參與行政院教育改革審議委員會，前半年以顧問的身分參與，之後因教改會被批評缺乏師範體系學者專家，因而將畢業自師範大學的他及黃炳煌、簡茂發等學者，改聘為委員。

「參加教改會才知道，在教育圈之外，原來還有這麼多人如此熱心地投入教育。」這些委員們不僅認真研讀教育改革方面的文獻，還親自到荒山僻野，察訪原住民教育，如當時擔任行政院主計長的韋端（現改名為韋伯韜），以及台大化工系教授牟中原等人。「從他們身上我體會到，教育改革不只需要專業，更要有熱情。」「參加教改的兩年，讓我歷經了教育界的波濤洶湧！」過去一直屬於學院派的他，經由教改，實地接觸到第一線。「可以說，教改是我從理念到實踐的一個分水嶺。」

接觸石雕藝術活動，則是忙碌的工作外一個美的饗宴。花蓮盛產大理石，地方人士於是就地取材，舉辦國際石雕大賽。身為花蓮師範學院校長的他，也是當仁不讓的推動者之一。這項活動至今仍進行得如火如荼，每年的得獎作品都收藏在花蓮文化中心或工業園區。

「因為石雕藝術活動，我認識了許多民間藝術（如奇木、雅石）的收藏家，以及音樂愛好者。」與這些收藏家、鑑賞者互動，除了能拓展視野、親炙學術外的智慧，更讓他緊繃的壓力找到釋放的出口。像經營「福園」民宿的蔡子盛（扁政府時的「國師」）收藏了許多玫瑰石，「我們常稱玫瑰石為『內在美』，因為它的外表不起眼，黑黑醜醜，但是切開來或磨去表面，就會出現山水畫般的紋路，或呈現玫瑰般的色澤，令人驚豔。」每當有國內外好友到花師造訪，他就會帶著賓客們到

國際知名學者Michael Apple蒞臨花師演講，並接受校長致贈的玫瑰石。（1995）

福園尋寶，聽聽他們對玫瑰石的讚嘆。

除了奇石，還有奇木。奇業檜木館的董事長林進裕收藏了許多奇木藝術品。有一次他向陳伯璋透露，這些奇木藝術品原本都是要拿去燒了的朽木，但在他的搶救及事後整理下，一個個變成藝術品。看著那些像耳朵、像眼睛，或像觀音的奇木，很難想像它們原是遭人棄置的樹瘤。曾經有位日本大商社的社長，對林進裕的奇木收藏大為傾心，想要全部買下來。他甚至在臨走前留下一張空白支票，表明只要林進裕肯割愛，無論多少錢都任由他填寫！

但是林進裕終究不願割捨他的奇木收藏，「他說，他不希望將來子孫們要花錢搭飛機，到日本去看爺爺的收藏品。」林進裕還對他的奇木下了一個註腳：「朽木雖不可雕，卻可以欣賞。」陳伯璋深感此話發人深省，它蘊含了「天生我才必有用」、「一枝草一點露」的智慧，「而且這些民間智慧，和學術上所倡議的『多元智慧』相通。」

那段期間，陳伯璋也和多位愛樂人士有些定期或不定期的聚會，如週末與慈濟醫學院院長李明亮（後來曾擔任衛生署署長）在亞士都飯店雅美廳，共同舉辦的音樂欣賞；與花蓮的音樂愛好者葛守真教授、童添貴老師、江淼雄與趙勝豐醫師等人，不定期的雅音小談。這些聚會或活動不僅達到自娛的目的，並對後山古典音樂的推展，發揮推波助瀾的功用。

陳伯璋在花蓮師範學院擔任校長時的阻力雖不小，但肯定的聲音也不容小覷。第二次連任時，贊成票甚至高達百分之九十以上。二〇〇〇年卸任時，學校的自籌經費也已超過百分之三十五。「比較遺憾的是，在我任內沒有合校成功。而且我離開後，學術研究的氣氛又變得較不積極了。」

時隔八年，東華大學與花蓮師範學院已整併，但花蓮師範學院的校名已不復見，這和陳伯璋當年所主張的「結合兩校校名」差距甚遠。花蓮師範學院現址改稱為「美崙校區」，「預計三年後，美崙校區也將裁撤，全部搬到東華大學的廣大校地。」

回顧這八年，陳伯璋戲稱是一部「東部開發史」，「至於是非功過，就留待後人去評價了。」他瀟灑地說。

教學生涯另一起點

離開花蓮師範學院後，重回師範大學任教，教大學部一班及研究所兩班。「這一年是我教學生涯中，唯一沒有接行政職的教學工作。」正想細細品味教學與做研究的自由自在時，行政職的機會又找上門了。

淡江大學創辦人張建邦，想在該校的教育學院內，成立高等教育研究中心。這個理念和陳伯璋不謀而合，「自從教改以來，高等教育可以說是教育界的九二一大地震。」參與過教改的他，很希望有機會再為高等教育效力。因此接受淡大高等教育研究中心主任的職務。兩年後，在卸任教育學院院長黃炳煌教授的推薦下，兼任教育學院院長。又過一年，他辭去研究中心主任一職，專注於教育學院院長的工作。

當時，正時興修教育學程以取得教師資格，因此教育學院的學生源源不絕。再加上經營有道的淡江大學，請來教育界「熊貓級」的教授（除了他和黃炳煌以外，還有之後聘請的楊朝祥、黃榮村等前教育部長），擔任教育學院院長，更增添號召力和說服力，使得教育學院甫成立就成果非凡。

「淡江大學是一所企圖心很強的學校，不僅重金禮聘學者專家，也砸下大筆資金在硬體設備上。」在他服務於淡江大學的五年內，學校興建了體育館及外語學院兩棟新建築。不過，該省的地方，他們卻也一點都不浪費。「像是嚴格控制職員及研究助理的人數，以免浪費人力。如果事情真的做不完，就另採外包制。」

淡江大學的廣宣手冊也讓他印象深刻。「他們把學校的經營績效、歷年表現和未來的願景，一一羅列在手冊上，再廣發各界人士，頗能達到宣傳的效果。」

張建邦創辦人最讓陳伯璋欽佩的地方是，他每年去美國度假時，總不忘到史丹佛大學圖書館翻翻新書，吸收新觀點。「他一方面督促自己與時俱進，追求新知；一方面亦藉此修正與調整原來的想法。」由於他本身是個求新求變的人，因此對於某些教授數十年如一日的作風，特別不以為然。「他曾經告訴我，當了那麼多年的大學校長，他覺得還是大學教授最難纏。因為，『想改變他們授課的科目，比移墳墓還難！』」

「由於張建邦深具未來觀。只要他一有什麼新的想法，就會在開會時拋出來，凝聚大家的共識後，再塑造出一個大家努力追求的願景。」這種「開放的專制」，反而有助於提升效率。此外，他們對於元老級教授也非常照顧，凡是有升遷的機會，都會先想到舊人。這種做法，促使許多口碑甚佳的教授，願意安下心在淡江大學貢獻所長，而不會汲汲於跳槽國立大學。

不過，那是指成立數十年的既有系所。在新成立的系所中，陳伯璋卻發現，師資方面往往出現斷層。「除了熊貓級的教授與年輕的助理教授外，中生代的副教授及教授頗為缺乏。」因為助理教授熬成婆（升等為教授、副教授）後，通常想跳槽到國立大學；而自國立大學退休下來的教授、副教授，就成為私立大學重金禮聘的「熊貓級」的教授。「這就像是學術圈裡面的一個循環。」

淡江大學是陳伯璋首度接觸的私立大學，而且是台灣第一所私立大學。「淡江大學的經營講究效率及TQM（Total Quality Management，全面品質管理）。」雖然被批評為家族企業，但因他們懂得尊重專業與充分授權，「也就是，行政管理歸家族體系掌控，專業工作則交由專業人才發揮。」因此，即使有家族企業的專制之嫌，也是一個「開放的專制」。

國家教育研究院的「緣」與「圓」

國家教育研究院籌備處於二〇〇〇年五月四日正式成立。剛成立時，僅有十四名工作人員；二〇〇二年七月十五日，行政院將「教育部台灣省國民學校教師研習會」納入，員額達七十六人（行政人員四十人、研究人員三十六人）；二〇〇七年八月二十四日奉教育部令，再整併「教育部台灣省中等學校教師研習會」，員額仍維持七十六人。

雖然教育研究院是在一九九六年教改會後，正式被積極地催生，但是遠在一九八〇年，國建會就已經建議籌設全國性教育研究機構。「眾所周知，教育問題錯綜複雜，冰凍三尺非一日之寒，因此必須有一個長期性的研究機構，從長期性、系統性及整合性的角度，奠定教育研究的合理性與正當性，以作為教育政策及落實教育改革的重要依據。」陳伯璋說。在此共識下，無論是教育界、學界，甚至社會各界，對於成立教育研究院，早已醞釀許久，且有了初步的規劃與雛形。

籌備處自二〇〇〇年成立以來，歷經了吳清基、吳鐵雄、何福田、陳清溪代理主任及李坤崇等五位主任。二〇〇八年八月一日，陳伯璋在政務委員曾志朗推薦下，由前教育部長鄭瑞城任命為第六任籌備處主任。

陳伯璋就任後，每每與立法委員溝通教育研究院成立的必要性時，最常被質疑的便是，它與教育部及各大學研究單位的功能有何不同？

國家教育研究院籌備處新任主任陳伯璋教授，與同仁座談未來發展願景。（2008/8/4）

「以教育部來說，它是一個行政單位，無力進行教育研究；而各大學所做的教育基礎性研究，多屬學者個人的學術研究，或與各校發展有關的研究。這些研究不見得能與國家整體教育的發展有關。」而且，國科會所補助的研究計畫，多屬數個月到一、兩年的短期性研究，無法長期地對關鍵性問題深入了解，及提出解決策略。「國家的教育政策和課程改革，必須有一個長期性的研究機構，擔任國家的教育智庫，永續提供可資參考的研究與決策建議。」

參與過教育改革與課程改革之後，陳伯璋深切體會到，目前的教育政策常因人（教育部長）而異。部長更換之後，剛起步或走了一半路程的教育政策，可能就會腰斬或改頭換面；而教育改革、課程改革也都是任務編組，缺乏一個長久職司的機構，以至於國小、國中、高中各改各的，無法有一個連貫性、整體性的改革。

作為一個國家的教育智庫，地位當然是越超然越好，所以最初的機關屬性規劃是「公設財團法人」；後因考量到涉及諸多公權力，遂改為「行政法人」；之後經教育部各單位共同協商的結果，裁示：先採「公務機關」進行整併，之後再朝成立基金、法人方向發展。雖然法人組織最不受行政院與立法院制約，主控性強、經濟獨立，但在目前的經濟條件下，可行性不高。

以公務機關的身分隸屬於教育部轄下，讓許多關心教育研究院未來發展的專家學者擔心，教研院未來會不會只是教育部的一枚橡皮圖章，而無法發揮應有的理想與功能？對於這項質疑，陳伯璋的看法是，教育部裡的短期研究計畫當然要盡量配合，但須顯現出學術研究的客觀與超然；而中、長期研究計畫，則由該院主導，若能確實建立研究的品質與可信賴度，那教育部就會配合教研院的研究計畫，屆時豈會僅是一枚橡皮圖章？

與其拘泥於機關屬性，而無法成事，不如退一步想，先求成立，再談其他！「當務之急是，讓這個各界翹首盼望許久的機構正式成立。」

早年吳清基擔任第一任籌備處主任時，即基於可行性的考量，務實地將教研院定位在公務機關，並根據政府組織再造、人事精簡的政策，以及前行政院教育改革審議委員會的建議，整合教育部教育研究委員會、國立教育資料館、三所教師研習中心及國立編譯館等六個單位，成立國家教育研究院。

教研院籌備處最早設在板橋教師研習中心，但因規模太小，未來恐不敷使用，林清江部長於是和台北縣政府交換位於三峽的一塊土地。於是，籌備處從三、四公頃的板橋市，遷址到二十多公頃的三峽鎮。

成功不必在我

國家教育研究院的大門低調雅致，坐落在群樹環抱中的幾棟紅磚建築，看得出設計的鑿痕，但也有著頗高的一致性。離台北市不算短的距離，正好為研究人員心中，留下一個遠離塵囂的空間。在這樣一個清淨、安靜的氛圍中，教研院現有的工作人員，很有效率地陸續展開中長期研究計畫。

「有些事我們目前雖無法掌控，但是可以先進行一些能夠主導，且符合教研院目標的事。」因此，教育制度與政策研究所、課程與教學研究所，及測驗統計與評量研究所，埋首進行數項研究計畫，包括「教育制度與政策研究所」的國中生免試入學高中之整合型研究、國際與區域組織相關教育政策之研究、本土與原住民及多元文化教育政策制度之研究；「課程與教學研究所」的長期性課程教學研究、課程教學創新與實驗的相關研究、課程教學改革與推動的相關研究等；「測驗統計與評

陳伯璋主任致贈紀念品予越南教育科學院訪問團LE VAN ANH副院長。（2008/9/22）

哈爾濱師範大學教育訪問團於籌備處參訪。（2008/9/25）

量研究所」的建立國內K－12五科縱貫性的量尺、建置台灣學生學習成就評量資料庫（Taiwan Assessment of Student Achievement，TASA）、培訓現職教育人才初階評量人才等。

國家教育研究院的組織除了上述三個研究中心，還有教科書研究中心、教育資料中心、教育人力發展中心，以及企劃室、出版室、祕書室、人事室、會計室，及院長、副院長、主任祕書。

其中教科書研究中心是由國立編譯館轉型合併，而教育資料中心由國立教育資料館合併而來。合併這兩個單位，一向是歷任籌備處主任最感棘手之事。「由於立法尚未通過，以『籌備處』之名，實在很難與這兩個單位取得共識。」無論是國立編譯館或教育資料館，都是行之既久的公務機關，談整併真是情何以堪！「『整併』有上下、層級之分，但目前我們是平行的單位，因此我改以『合併』稱之。」這是陳伯璋體貼之處。他不僅在用字遣詞上小心斟酌，到這兩個單位主持或參加會議時，也都非常低調，一開完會即行離去，絕不以主管身分走訪各部門或多作停留。

令人欣喜的是，他接任籌備處主任之後，與兩館的協商終於跨出第一步，並達成具體的「合併」方案。「前一任教育部次長周燦德，非常積極地邀集相關單位成立推動小組，並擬定時程表及釐清各項籌併業務之分工事項與主政單位。」原單位的業務中，符合教研院發展目標的部分予以保留，其他就併入別的單位或裁撤。至於擬裁撤部門的工作人員，除了優退外，還會協助其轉職。

雖然行政院組織法允諾教研院的編制員額約兩百人，但是所有舊單位原有的員額加起來，即已達一百六十人。當教研院正式成立時，頂多只有四十名新聘員額。他不僅擔心聘不足所需人力，更擔心原有人力的專長，是否能與教研院所需人才相符。但是擔心歸擔心，這卻是公務機關整併時必然會碰到的問題。對於人力問題感

國家教育研究院籌備處與香港教育學院學術合作交流簽約儀式。（2009/1/9）

第119期國小主任儲訓班結業典禮，本處陳主任致贈紀念品予生活輔導員校長。（2009/7/31）

到無奈，對於要向立委們拜碼頭，耐住性子周旋、遊說一事，也讓他徒嘆：「人在江湖身不由己！」

這一年多來，國家教育研究院總算向前跨了幾大步，包括行政院與教育部達成成立的共識，教研院本身的方向也已確定走研究路線，還有整併的事終於有了破冰式的進展。「另外，當我們發文請各大學做研究時，他們的反應都很熱烈；而在教育部裡擔任科長、司長的昔日學生們，對於教研院所給予的高度配合與協助，也都讓我感到很欣慰。」可以說，他獨具的「人和」特質，為教研院消弭了不少阻力。

擋在前面的大石頭已一一搬開，陳伯璋說：「我的主要任務眼看就要達成了！」他在接下籌備處主任時，即為自己定了一個終極目標：協助國家教育研究院正式成立。「對我來說，能夠促使它成立，已經非常有意義了！至於成立後能不能擔任首任院長，倒不在我的考量之內。」坐在寬敞簡潔的主任辦公室，陳伯璋不疾不徐地說。

像他這樣一位熱中社會學，偏愛批判、質疑的學者，對於名位總是看得較淡。「我原本有自己的生涯規劃，籌備處主任這份工作，只是一段意外的插曲。」因此，他曾向前教育部部長鄭瑞城建議，希望能廣徵人才擔任首任教育研究院院長。「至於我，我可以有不同的發展，不一定限於台灣。」他的流動性性格，將引領他走向更遼闊的天地。

在那之前，這一場他口中所稱的「老兵的最後一役」，還是要漂亮地打完。「我希望這個組織能建立『制度化』，而不是以前怎麼做，現在就依樣畫葫蘆。」此外，「提供更好、更人文的工作環境，以及協助工作人員增能。」也是他對身為籌備處主任的自我期許。

造訪國家教育研究院那天，適逢他們每週一次的tea break，看到員工們臉上自然的笑容、彼此間的親切談笑，以及與主任零距離的互動，顯然，「提供更好、更人文的工作環境」已非鏡花水月。

國家教育研究院籌備處研究人員聚餐。（2009/12/22）

第六章　多元化社會服務

教改——教育上的解嚴

「一九八七年，隨著政治解嚴、經濟恢復自由市場貿易，教育上的沉疴痼疾，也亟待有個大刀闊斧的改變。」於是，民間的教改團體陸續成立，並紛紛提出改革的訴求。陳伯璋將教育改革比擬為「教育上的解嚴」。

雖然，「教育解嚴」的聲音自一九八七年就此起彼落響起，但真正掀起驚濤駭浪的是「四一〇大遊行」。一九九四年四月十日，台大黃武雄教授等人組成「四一〇教改聯盟」，號召五萬人上街頭大遊行。遊行的訴求為：落實小班小校、廣設高中大學、推動教育現代化、制定教育基本法。

為了回應民間團體的教改訴求，一九九四年六月，教育部召開以「推動多元教育、提升教育品質、開創美好教育遠景」為主題的會議，教育部長郭為藩並在會議中建議，仿傚日本臨時教育審議會的做法，成立類似的機構來協助教改事宜。「我滿佩服教育部長郭為藩開闊的胸襟，因為他能夠接受在教育部之上，還有一個教育改革審議委員會。」

在此之前，郭為藩部長即因應民間教改團體的抗議，完成一份教育白皮書，雖然這份白皮書無法令民間教改團體滿意，但可以說已為官方教改的理念，提供了一個雛形與想法。

一九九四年七月二十八日，行政院通過《教育改革審議委員會設置要點》。並於九月二十一日正式成立「行政院教育改革審議委員會」（簡稱「教改會」），由中央研究院院長李遠哲擔任主任委員兼召集人。

教改會成立之初，師範教育系統的專家學者並未受邀擔任委員。此舉受到外界諸多批評與質疑後，教改會遂從善如流聘請黃炳煌、簡茂發、陳伯璋等師範教育系統的學者擔任顧問，半年後再改聘為委員。陳伯璋推想，一開始之所以沒有邀請師範教育系統的學者參與，應該是鑑於：「過去都只是在師範領域的思維中，做些枝微末節的改變、改良，而沒有結構性的大轉變。」為了跳脫窠臼，所以找來各界精英分子，期望有個釜底抽薪的突破，讓人一新耳目。

教改會成員的特色除了是各行各業翹楚外，普遍都具有反傳統、反體制的批判、創新性格，但又不會過於極端與偏激。因此，被學術圈同事戲稱為「遊走於黑白兩道」（「白」為體制內、傳統派；「黑」為體制外、改革派）的陳伯璋，被納入教改會並不令人意外。

「我一方面捍衛師範教育的立場；一方面因反對學校不公不正不義，對人性造成戕害，所以與傳統教育體制對抗。」陳伯璋一向抱著廣結善緣的心態容忍異己，更常思索：教育一定要按照傳統這麼做嗎？有沒有另類發展的可能？這樣的特質，恰好符合教改會的期待。

雖然教改會決議的「十二項行動方案」陸續實施後，社會上的批評與抗議聲浪，不亞於教改會成立前，但是陳伯璋還是肯定教改會「創新與鬆綁」的理念。「教育鬆綁」是中研院研究員朱敬一，在教改會所做的專題報告中提出的理念。「鬆綁是指盡量減少政府不必要的干預。它是一種自由主義市場的想法，用以對抗傳統體制。」在民間團體亟欲跳脫傳統體制對教育的箝制下，教育鬆綁可說是順應潮流所需。

而對於教改會的革命夥伴，陳伯璋也予以肯定與敬重。「他們雖然被批評為不懂教育，但是對教育卻懷抱極大的熱情與熱忱。他們讓我體會到，教育並非只是教育專家的事。」

像是跋山涉水到偏遠山區訪視原住民部落，瞭解原住民教育的韋端（時任行政院主計長）和牟中原（台大化工系教授）。他們經過實地訪視勘察後，不僅將資料整理成書，還提出幾項針對原住民教育的建議方案。如辦理免費幼稚園，及設立從小學到國中、高中的原住民學校。並在原住民學校，授予不完全以漢人為中心的教材等。

此外，許多委員一遇到教育方面的專有名詞與紀要，立即翻箱倒篋找出相關文獻研讀。陳伯璋認為，他們的熱情與認真投入的態度，甚至在教育同業中也很難看到。「教育若缺乏往前衝的熱情，就會被局限在既有的框架中。」

教改會靈魂人物李遠哲的開明、民主作風，也教陳伯璋十分激賞。「只要委員們提出的觀點合理，他大都會接受。」遇有委員間意見相左時，他不會跳出來擔任仲裁，而是以媒介的角色，央請相關的第三人予以協調。「當我的老師林清江與好友陳其南，對於『建立終身學習社會』的看法各執己見時，李院長希望我居間協調。」因為李遠哲相信，由專業且熟悉雙方的第三人出面，會比他這個「外行人」，更能掌握兩全其美的結論。

不容諱言，正因為李遠哲院長頂著諾貝爾獎得主的光環，以及個人魅力、良好形象，才能吸收到如此多的各界菁英參與教改。「若由任何一位專業教育者來領軍，不見得會吸引到這麼多優秀人才。」

這一群精英雖然被批評為外行人，「但是『精英導向』的做法，卻也將教育的觸角擴及不同的領域，讓不同領域的聲音也能對教育發揮影響力。」更重要的是，發揮影響力的不僅是「外行的精英」，還有關注教改多年的民間教改人士。「教改會常參考、討論他們的意見及論述，讓民間的教改力量釋放出來。」陳伯璋稱，此次的教改可以說是：「人民領導著政府往前衝。」

一九九六年十二月，行政院教改會在結束任務前，提出「教育改革總諮議報告書」，內含五大訴求：一、教育鬆綁；二、帶好每一個學生；三、暢通升學管道；四、提升教育品質；五、建立終身學習社會。並以「十二項行動方案」具體施行這五大訴求。「我們不希望教改會的成果只是一份報告書，所以促請為十二項行動方案編列預算，逐一實施。」

改革要成功，必須廣結善緣！

教改會結束後，教改會成員的情誼並未因此而畫下句點。尤其剛結束三、四年內，李遠哲院長每半年會邀請教改會委員們，到中研院敘敘舊，並討論教改實施後的利弊得失。「能夠認識教改會熱心的委員，和他們一起培養出革命情感，進而結為好友，也不失為我參加教改的另一項收穫。」

雖然教改會對台灣教育的是非功過，至今難有定論，但是陳伯璋相信：「歷史上還是會給教改會記上一筆功勞，因為他們努力做了一個很大的突破！」

面對後來外界一波強似一波的質疑與批評，陳伯璋平心而論，教改確有需要改進之處，但絕非一無是處。

更重要的是，許多後來成為眾矢之的的政策，原非教改會所研擬、制定的。如「廣設高中大學」、「建構式數學」、「九年一貫」等。「教改至今十餘年，教育部長更迭數次，每位部長都有自己的想法與立場，因此，十二項行動方案被選擇性的實施與修改，與原本所擬定的方案漸行漸遠。」

「當然，行動方案也並非歷久不衰，它必須因應時空的改變而調整。」因此，當初教改會建議，建立一套回饋機制，每隔一至兩年，對實施成效進行檢討與修正。可惜此建議未被採納，在不同的教育部長所做的不同選擇與修改下，行動方案遂缺乏系統性、整體性的推動，以至於弊病叢生。

「教改真是命運多舛！教改實施後，每位教育部長都是上台不久就換人。教育的事怎麼能這樣東一塊西一塊地做？應該是要長久延續下去……。」說到這兒，陳伯璋不禁感慨，林清江部長在任內即過世。「林清江部長較熟悉教改的精髓，且他本身有一個系統性的規劃，如果他能夠活得久一點，教改的成果絕對會不一樣。」

教改實施不力，除了受限於中央「因人制宜」的問題，「各縣市層級對於教改的支持度，也有很大的差異；此外，學校與教師本身的文化，並未立即做與教改有關的改變。」這些因素也都直接或間接造成行動方案成效不彰。

對於外界所批評的「以領域教學代替分科教學的做法，陳義過高、過於理想化」一事。陳伯璋指出，領域課程是由重要的議題所組成，要以統整來打破學科的界線。學科統整可以加強國中、小課程的連貫性。但是，要讓原本不嫻熟於某學科的教師跨科教學，對老師們來說，是一項重大的挑戰。他們必須額外投入許多時間與心血，研讀過去不熟悉的學科。「因此，我們有『協同教學』這項配套措施。」不過，要習慣獨挑大梁，獨自掌控課堂王國的老師們，和別人搭配教學，著實令他們為難。

「困難是一定會有的，但是教改就是希望能突破窠臼，讓教育有更好的轉變。」老師們這些適應不良的狀況，讓陳伯璋想起過去的「省輔導團」制度。省輔導團的成員是一些有創意、有執行力的老師，負責將新課程先吸收、轉化，然後示範給一般的中小學教師。「他們是課程與教學的輔導系統，也是政策與老師間的橋梁。」如果現今仍有這樣的輔導團存在，他相信，領域教學就不會如此窒礙難行。

至於教改捨「學科本位」就「能力本位」，也被批評為太抽象。「但我們學習一件事，不能僅學習事件本身，而應該學習如何從這件事得到啟發與意義。」不過，捫心自問，陳伯璋覺得，教改成員的代表性及涵蓋的層面，如果能夠更廣那就更好。位居金字塔頂端的各界精英所做出的決策，常被譏為「不知民間疾苦」。「教改成員如果無法涵蓋社會上各種層面的人士，至少應該多多舉辦公聽會，多徵詢民意、傾聽來自基層的聲音……。」

事實上，教改也並非毫無可取之處，有些學校奉行教改行動方案中的「學校本位」，將學校治理得有聲有色。像當選台灣十大特色學校的嘉義縣竹崎鄉龍山國小。「這個學校本身的硬體條件不佳，原本即將被裁併，但因他們結合了社區的資源，進而創造出自己的特色。」又如善用學校地理位置、環境資源的花蓮康樂國小，基於「學校本位」的概念，應用在地文化特色，將學校營造出海洋的氣氛。

走過教改，乃至於之後的課改，陳伯璋深刻體會到：「要廣結善緣！改革要成功，必須藉由各個階層的捐輸，結合各方面的力量。唯有多一分接觸與瞭解，才能少一分缺失。」

讓課改更好

教改會解散後，相關人士發現，教育改革最重要的部分還是在課程改革。因此，由林清江擔任課程改革小組總召集人，陳伯璋和周麗玉擔任副總召集人。陳伯璋雖然負責小學部分，但因為要推動「九年一貫」，因此和負責國中部分的周麗玉一起運作。

「九年一貫課程改革」小組的成員共有三十多位，並且延續教改的做法，延攬許多非教育專業的人士參與。如心理學家、哲學家、立法委員、家長、教師等。並且以非學科本位的人士居多。

「關於課改的宗旨，林清江部長總結出一句話：『不要背不動的書包，而要帶得走的能力。』」要能力不要壓力，這不僅是教育當局的理想，更是絕大多數學生、家長，以及教師的心願。再加上曾有民間教改團體批評，教改的改革幅度不大，結構性的東西幾乎沒有改變。因此，課改小組這次反應民意，來個結構性的大變革。

「原本是計畫一年一年地實施，整個改變過程總共需要九年，但有些民意反映，改變的幅度太小、速度太慢，因此我們才提前為四年。」結果卻引發適應困難的現象，以及太過躁進、急就章的批評。這讓陳伯璋深深體會到：「改革必須是漸進式的，才不會付出那麼大的代價！而且，如果一遇到適應不良的狀況，能夠即時回應與修正，就可以降低阻力。」

基本上，課改延續了教改的「鬆綁」理念。而體現鬆綁理念的第一步即破除一綱一本，改為一綱多本。一綱多本是為了改變行之既久的教育一言堂做法。「瞭解一項事物，應該是從不同的角度去解讀。」而且不需要有標準、制式的答案。「長久以來，中小學老師都有根無形的枴杖——教科書。」這根枴杖表面上輔助他們站穩、前行，其實也限制了他們更大幅度、更靈活機動的奔跑、跳躍。

「一綱多本」就是要讓老師上課的內容，及講述的方式更有彈性，更自由、多元。不要再將教科書奉為金科玉律，而照本宣科。「老師們只要抓住課程綱要，就可以設計出豐富、多樣性的教材。」

但是，賦予老師更大的權力與自由去設計課程，也等於是給他們更多的責任與壓力。許多老師反映，只有能力指標的課程綱要，實在不容易揣摩出什麼樣的內容才符合課程綱要？要如何設計出這樣的內容？關於老師們這方面的難題，他認為，「如果省輔導團制仍存在，由省輔導團的老師先行消化吸收，然後對一般的中小學老師，進行示範教學與輔導，問題應該就能迎刃而解。」

除了部分老師的反彈，「升學考試」這塊鐵板，也讓這項頗能激發老師及學生創意的一綱多本政策，傷得體無完膚！

在「以考試領導教學」的教育模式下，學生的學習要以考試為依歸，老師、家長們關心的也是「光念這個對考試夠嗎？」「沒念到那個會不會影響考試？」於是乎，原本以為不給「課程標準」，只給「課程綱要」，能夠激發老師在課程設計上的創意，以及書商更豐富、多元的編排。沒想到，卻換來師生及家長顧此失彼的憂慮，以至於反而造成學生必須念更多本書的壓力。

「但這並非是無法解決的。只要考試的出題方向確實根據課程綱要，讀一本和讀十本的功用就沒有差別，家長也就能放心地不再逼孩子多念不同的版本了。」

課程改革實施前雖舉辦了公聽會，但因時間不夠充足，受邀的專業團體不多，「教育專家、學科專家們所能參與的意見不多，討論的內容也不是很有系統。」在未做好充分溝通前，課程改革的政策即倉促上路，而造成日後諸多實踐上的問題。

「記得當課程綱要公佈時，專家反對的聲音很大！」陳伯璋形容，他們那時出去宣導課程綱要，就像面臨槍林彈雨般，「必須戴著鋼盔才出得了門！」已經被學科專家轟得滿頭包的情形下，偏又遇上政府開始實施週休二日，「這下，少掉的那四節課，究竟是要犧牲哪些科目，著實讓我們感到頭痛！」

儘管吃力不討好，但陳伯璋的想法是：教育這塊土地已經太久沒有翻動，不僅日漸貧瘠且幾乎鈣化。「應該鬆鬆土，讓養分進來，讓新的作物成長。」雖然反彈的力道甚大，等於向前走了一步，又後退半步。「但至少還是前進了半步！」總比原地踏步、了無生機好。

不過，對於課改以後，學生的書包重量不減反增一事，他還是覺得十分遺憾：「當初也是一番好意，想要減輕學生的負擔，卻因為家長及老師不放心（對一綱多本），反而讓孩子們越念越多……」

如今檢討起來，陳伯璋深信，只要下列幾項配套措施完備，課程改革的推展定能順勢而為，水到渠成。

一、「教師增能」。「新政策推出時，提供給教師的研習活動，應該有別於以往那種演講、宣導的『top-down』模式；而是改以老師的立場，實地演練、模擬的『workshop』形態。」這就像是過去「省輔導團」的做法：請幾位有實務教學經驗，又熟稔新政策的老師，扮演領頭羊的角色，為其他老師示範如何設計教材，如何統整，並在實地演練中發現問題、解決問題。「只要能滿足老師在專業上的需求，別讓他們覺得被孤立，相信他們就有勇氣向自我挑戰。」

二、「教科書改良」。當初由於倉促上路，而讓教科書一冊（半年）編，以至於出現了銜接上的問題，以及該編的卻沒有編進去。「教科書的編輯，應該具有整體性思維，涵蓋各階段應習得的基本能力。」國外教科書的編排，是以「學習階段」來編審，「希望我們送審的教科書，能以年段，如低年級、中年級、高年級、國中等各階段來編審，如此才符合系統性、整體性的考量。」

三、課程綱要本身也必須加以調整。當初，「課程綱要」的用意即在破除「課程標準」，希望老師在掌握綱要的基本能力後，能夠自由發揮，無須受限於課程標準的框框。「但是，老師卻因此吃盡了苦頭。許多老師反映，綱要本身的解讀太複雜，他們不知要如何選擇，才能符合基本能力的需求。」對於這一點，陳伯璋認為，除了在綱要中多加一些示例、說明，讓老師有所依據外，再透過教師增能，使他們能舉一反三、彈性運用。

四、調整「財政收支劃分法」，以確保教育資源用在刀口上，以及分配的公平性。過去，中央的經費下授到地方是「專款專用」。所以，分配到教育上的經費，如購買圖書、改善師資、設備等，都能夠善盡其用。「但自從改為『統籌分配』後，地方政府常將教育經費挪作他用，而沒有用在教育改善的刀口上。」在巧婦難為無米之炊的窘境下，教育改革自然難有建樹。「此外，教育資源不足的地區，需要政府更多的關照。」

五、地方教育主管（如縣教育局局長、處長及督學等），盡量雇用教育專業人士。「有教育專業背景的人，才能真正將教育政策轉化到地方，以利推展教育改革。」

意義非凡的校外活動

一向同情弱勢教育團體、支持另類教育理念的陳伯璋，本著「教育可以這樣辦，也可以那樣辦」的多元想法，行有餘力就會協助「理念學校」，「讓他們發揮教育的想像力與願景。」

早在他剛從英國進修回來不久，人本基金會擬創辦森林小學，得知他親自訪問過夏山學校，因此邀他一起投入森林小學的創辦。之後又參與李雅卿創辦的「毛毛蟲學苑」（今改名為「種籽

訪澳洲墨爾本（Melbourne）一所小學，與校長（左二）交換紀念品。（2001）

親子實驗國民小學」）、孫德珍創辦的「雅歌小學」，以及位於冬山河的「慈心華德福學校」，「目前，『理念學校』已擴展到體制內，依照『學校本位』辦學的特色學校，就是一種理念學校。」陳伯璋欣慰地說。

創辦「台灣原住民教育學會」，並擔任第一任理事長，更是他關心弱勢的具體表現。當時他已卸下花蓮師範學院校長一職，「台灣原住民教育學會」創辦的理念與宗旨，卻和他在花師校長任內設立的「多元文化研究所」不謀而合。

「我們集結所有關心少數民族的學者，如大專院校與中小學教師，辦雜誌喚起大眾關心原住民教育。」該協會最具體的貢獻是催生原住民教育法案，以及改善原住民教育的中、長期計畫等。遺憾的是，自從他卸任理事長後，該協會在後繼無力下，已停止運作。

由於夫人盧美貴教授，長期關注幼兒教育，陳伯璋因此結識了一群「幼教之友」，如陳晴鈴、湯碧鳳、連桂香、王鳳屏、桂亞珍、黃惠秀、林淑錚、廖裕德、刁維隆等人。他們有的是幼教老師，有的是幼稚園園長、董事長。

自一九九七年起，「幼教之友」即自組旅遊團，到世界各國參訪幼教單位，以提升國內幼兒教育。近十年來，陳伯璋夫妻與他們的足跡，遍及義大利瑞吉歐（Reggio）教育中心（一九九七年），「這是全世界公認辦得最優質的幼兒學校。」一九九八年參訪日本愛知縣知多郡東浦的開放學校緒川小學，及日本的華德福幼兒學校；一九九九年則赴英國參訪聞名國際的理念學校濫觴——華德福學校及夏山學校，以及到俄羅斯、捷克、匈牙利、紐澳考察幼兒教育；二〇〇一年到澳洲布里斯班、雪梨、墨爾本，參訪學校本位管理；二〇〇四年到中國大陸的北京、內蒙一帶考察幼兒教育。

與這些幼教人士多年相處下來，陳伯璋從他們身上感受到平易近人，充滿童趣，善於和小朋友打成一片的幼教人特質。但是，令人遺憾的是，台灣社會對於幼

訪香港東華三院小學。（1999）

民國九十年，訪澳洲MacGregor State High School中小學，左為該校校長。（2001）

教人士頗不公平。「盧老師曾感慨地告訴我，南部許多幼教老師的待遇，比政府所訂勞基法的最低工資還低！」幼教在台灣，一向屬於教育的弱勢部分。「幼教雖然是教育的起點，但國內一向認為它只是『學前』教育，因此各種經費與福利都沒有『到位』，幼教顯然仍為弱勢教育的一環。」

參訪過各國辦得有聲有色的幼兒教育後，陳伯璋深感，台灣社會過於漠視幼兒教育，「國外有許多高級知識分子從事幼教，我們卻少有博士班開設幼教課程。」對幼兒教育念茲在茲的盧老師，曾期許他：「無論從事任何教育改革，都不要忘了幼教這最基礎的一塊。」陳伯璋將盧老師的期許化為實際行動，在他擔任國家教育研究院籌備處主任時，已將K（kindergarten）正式列入教育研究計畫專案的一環。「希望能藉此提升國內幼教的課程設計與教師專業。」

在學術團體方面，他除了催生「台灣教育社會學會」、「台灣高等教育學會」，並擔任台灣高等教育學會的理事長外，同時也是中華民國教育學會、師範教育學會理事、常務理事。參與學術性社團對他最大的意義是，結識志同道合的朋友、提攜後進，以及推動教育理念。

在陳伯璋參與過的眾多國際性會議中，印象最深刻的是一九九二年，在華府舉行的「二十一世紀教育標準」會議。時值二十世紀末，各國開始關心改革議題，期

與台灣教育社會學會成員，攝於西安華清池。（1991）

待在新世紀到來時，有一番新氣象。各國的教育界人士，向來關注美國教育改革的動向。但是，作為世界龍頭老大的美國，卻有感於在教育方面的各項競賽，如數學、閱讀、書寫等能力，屢次輸給日本及其他亞洲國家。於是，美國決定反過來向亞洲各國的教育取經。

當美國前總統老布希訪問澳大利亞時，公開表示，為了學習亞太國家（如台灣、新加坡、香港、日本、中國等）的教育，要求美國教育部，召集亞太經合會（APEC）會員體的教育部長，在華府舉行「二十一世紀教育標準」會議。

「這是自從中美斷交後，台灣最高層級的行政官員受邀拜訪華府。」陪同教育部長毛高文與會的陳伯璋等人，自是感到意義非凡。一路上，教育部長毛高文時而談論會議主題，時而抒發他對國內教育改革的想法。他平易近人、談笑風生的作風，讓陳伯璋的印象頗為深刻。

「毛部長作風開明，而且企圖心強。他為了暢通升學管道，設立花蓮縣東華大學及南投縣暨南大學，並實施大學多元入學考試、國中畢業生自願就學方案等……。」那時（約一九八七年）政府的財政預算較豐沛，獲得當時的蔣經國總統和行政院長俞國華充分授權的毛高文，在六年的部長任內，對教育政策許多不合時宜或亟須改進之處，進行大刀闊斧的改革，並且展現亮眼成績。

參加APEC教育部長會議的一行人，被安置在喬治城大學（Georgetown University）外包經營的招待所中。「我後來才知道，這個大學培養了許多美國著名的政治人才。」

陪部長走進美國國務院大門那一刻，陳伯璋的內心非常激動。他一方面感慨於中華民國終於又受邀來到美國國務院；一方面也慶幸自己能躬逢其盛。不過，雖然受到美國邀請，卻也遭受到中共打壓。「我們在會場擺攤，分送中華民國的教育統計資料，以及教育政策等宣傳手冊時，卻受到中共抗議。」但他們依舊趁其不備時，私下分送。「當時，我對於他們竟然在這種國際場合，公然阻撓我們，感到不可思議！」身歷其境目睹中共的「鴨霸」行徑，忿忿不平的他，心中馬上浮現：「為何要敵我不兩立？」的念頭。

重新走進雙橡園，也讓陳伯璋為歷史的興衰榮辱感到不勝欷歔。雙橡園為喬治復興時代式建築物，一八八八年由赫巴德創建，因屋後有兩棵並列的橡樹而取名為雙橡園。一九三七年，我國駐美大使王正廷承租此園作為官邸，其後十年內，赫氏家族持續租給胡適及魏道明大使，一九四七年駐美大使顧維鈞以政府名義買下，作為歷任駐美大使官舍。

「二次大戰期間，美國軍方領導人如喬治・馬歇爾將軍，以及尼克森將軍，都曾到此與同屬同盟國的台灣盟友協商。蔣宋美齡女士亦曾在雙橡園小住數日。」中美斷交前，曾有九位大使先後住進雙橡園，款待了無數美國政府的高級官員、參議員、眾議員，和其他各國外交團。但是，昔日的榮景與盛況，已在一九七八年十二月十五日，卡特政府宣佈中美斷交之際，戛然而止。

當時，我國大使館只有十五天的時間，處理一切相關事務。「幸好有個對中華民國友善的團體——自由中國之友協會，象徵性地以十美元價格買下雙橡園，使中共購買雙橡園的希望落空。」一直到一九八二年，雙橡園再度歸還中華民國，並改為北美事務辦公室。

於南京師範大學，參加教育改革與教師教育國際學術研討會。（2000）

雖然APEC教育部長會議討論的是教育議題，但是這部分平常各國已有交流。所以陳伯璋認為，它的形式意義大於實質意義。「實質意義應該是，中華民國與美國的關係由谷底漸漸往上升。」

參與過的國際性會議雖然不勝枚舉，但陳伯璋卻覺得，真正對專業有助益、有影響的，是他在英國倫敦大學進修那一年所參加的國際性會議。「倫敦大學是國際學術交流的重鎮，常舉辦國際性大會議，如比較教育年會。」旁聽這些與所學息息相關的學術會議，對他的啟發很大。

「所以我建議政府，應該補助留學生參與當地國家舉辦的國際學術會議，這不僅讓留學生有磨練的機會，還能拓展國際視野及強化學術深度。」比起花一大筆錢，組團出國考察，他認為這麼做花的錢既少，得到的效果卻頗大。在他的鼓吹下，如今，政府對於留學生想參加當地國家舉辦的國際學術會議時，會補助該國國內段的來回機票。

教育愛的擴展

說起陳伯璋的宗教因緣，那可要從大學時代談起。大二在室友的影響下加入中道社（師大的佛學社團），暑假和社友一起赴台中「雪廬老人」李炳南所創辦的「蓮社」，參加佛學研習營。大三暑假，參加佛光山的大專生佛學夏令營。

宗教之於他，不過是浩瀚思想中，值得探究的一種。也就是說，吸引他的是佛學，而非宗教本身。也因此，他在參加「蓮社」的佛學研習營

與行天宮文教發展促進基金會葉文堂董事長及培育學生合影。（2007）

時，會在晚上和學員相約到夜市的小吃攤打打牙祭；參加佛光山的佛學夏令營時，會在「下課後」，外出摘鳳梨。

這些行為反映出，他並未將宗教看得那般神祕、遙遠。「我那時認為，宗教不過是對人生的一種看法。」佛光山的大專生佛學夏令營結束前，星雲法師希望學生們將這幾天的心得，以表演活動的方式呈現出來。有學員演了一齣暗諷和尚愛上尼姑的戲，星雲法師看了後當場沒說什麼，只是默默地離去。大弟子見狀，出面正色告誡他們，這觸犯了出家人的戒律。他們這才明白，玩笑開過頭了！而他也才因此體會到，宗教不僅是一種佛學思想，還有一些不容跨越的戒律與界線。

大學後期，他因為接觸到《慧炬》雜誌，常去聽他們所辦的演講，以增進佛學知識。「大三時，我還發表了一篇討論『轉識成智』的文章，刊登在《慧炬》雜誌。」進入研究所後，由於工作、念書兩頭忙，他不得不暫且放下與佛學有關的活動，但還是常常閱讀一些比較生活化的佛書。

在此之前的佛緣，都只是思想上的啟發與孺慕，並未近身參與宗教界事務。一直到他從英國進修回國，透過在台大地質系擔任教授的陳宏宇引薦，認識了聖嚴法師。陳宏宇是他在倫敦大學結識的台灣留學生，彼時正在修讀博士學位，學成歸國後即為台大網羅任教。

當時，聖嚴法師有意籌辦法鼓大學，於是請具有地質專長的陳宏宇，負責硬體部分。而陳宏宇找來學教育的他，負責軟體的規劃。「重視環保的聖嚴法師特別叮囑，所有的建設都要順勢而為（就地質、風向、水流等而言），建築過程中不要讓塵土飛揚，才能符合環保。」

法鼓大學初步的規劃是從成立研究所開始，先設立「環境生態研究所」、「人文社會研究所」及「宗教研究所」。由於參與籌設法鼓大學，陳伯璋常有機會近距離接觸聖嚴法師，但也僅限於工作上的接觸，較少有機會私下請益。

他在花蓮師範學院擔任校長時，有一次聖嚴法師到花蓮弘法，親自打電話給他，問他願不願意皈依？他當下欣然接受，於是聖嚴法師特地為他一人舉辦皈依典禮。皈依之後，賜法號「果敦」。

和師父的私下互動雖不多，但師父要他幫忙的事，他一定竭盡全力。例如果暉法師剛取得日本佛學博士學位時，在師父的請託下，他為日語精湛的果暉法師介紹到吳鳳技術學院教「應用日語」。（後因果暉法師考量到要服務中部信眾，因此轉赴亞洲大學任教。）

聖嚴法師曾邀他一起上電台對談生死課題，他雖因抽不出時間而作罷，但卻始終推崇師父對生死的豁達。聖嚴法師於二〇〇九年二月三日圓寂，他們雖然難過、不捨，但心裡卻明白，師父早已了脫生死，心無罣礙地離開塵世。「我們在為師父辦喪事時，雖然很傷心，但知道師父早已做好了準備。」

「我最欽佩師父的地方是，他把禪宗的大道理，淋漓盡致地實踐在日常生活中。無論是他的行住坐臥，或是人格修持，人與人、人與大自然間，都能夠和諧相處、避免對立。」從聖嚴法師身上，他感受到一股圓融、貫通的智慧。除此之外，聖嚴法師完全無我、無私心的修為，也讓他心嚮往之。

「一般人所談的環保，都是指有形的層面，但是聖嚴法師獨創『心靈環保』的概念。他並以『心六倫』來呼應心靈環保。」「心六倫」指的是「家庭倫理」、「生活倫理」、「校園倫理」、「自然倫理」、「職場倫理」和「族群倫理」。聖嚴法師認為，儒家所講的五倫——君臣、父子、夫婦、兄弟、朋友。在舊社會中夠用，但是在現代社會的人際關係，它的涵蓋面已經不夠，所以法鼓山推動「心六倫」運動。

陳伯璋更加上「物倫」這個第七倫。「許多人對動物頗不仁道，並且將之區分為有害或有益，但這都是人所定義出來的。」他說：「萬物在生物鏈中都各有其功能與作用，絕非僅有害處。古人不是說要『民胞物與』、『仁民愛物』嗎？」倘若聖嚴法師尚在，看到「果敦」提出了第七倫，一定深表贊同。

行天宮「資優學生長期培育專案」關懷座談會暨獎助學金頒發典禮。（2007）

雖然他與聖嚴法師的師徒情誼匪淺，甚至被聘為董事，但他只參與和教育相關的事務，幾乎沒有參加任何宗教活動或祭典。「我是從教育面介入宗教。」這樣的作風，與他參與行天宮籌設大學一事相同。

當他還在花蓮師範學院擔任校長時，與行天宮素有交情的現任教育部部長吳清基，推薦他以顧問身分，協助行天宮籌設「武聖大學」。後因校地問題及少子化時代來臨而暫緩籌設，改為在行天宮圖書館開辦社區大學。「週一到週五每天都有開課，學雜費全免，目前已經有超過三千多個學生。」後來行天宮聘他為董事，但因二〇〇八年被任命為國家教育研究院籌備處主任，故而辭去董事一職，改聘為顧問。

「我非常欽佩行天宮發揮關公尚義的精神，積極為社會服務。」目前，行天宮的社會服務包括圖書館、社區大學、獎助學金、醫院等。「他們除了提供獎助學金給清寒學生外，還特別提撥一年一千多萬元，獎助成績卓越的學生，為國家社會培養優秀人才。」屢次與宗教界接觸後，陳伯璋體會到，能夠與社會大眾的生活結合（也就是入世）的宗教，才能符合現代社會所需。

長期深耕兩岸學術交流

雖然在一九九二年的APEC教育部長會議，與大陸官方正面接觸的經驗非常不愉快，但是民間交流方面，兩岸的文教交流早已展開。「早在

訪廣州市教育研究中心，左為吳紫燕主任。（1998）

於東北師範大學，參加兩岸三地基礎教育課程學術研討會，中為袁桂林所長。（2000）

一九八九年，北京天安門事件發生以前，我們就曾透過北京師範大學的安排，到大陸參與學術研討會。」之後，陳伯璋擔任花蓮師範學院校長期間，與廣州市現代教育研究中心訂立合作協定，讓雙方的一級主管互訪。

不過，這都還是零星、單次的學術性接觸，真正系統性的交流，要從一九九九年的「兩岸三地課程研討會」開始。這是個長期性的活動，至今已延續了十年，每年分別在台灣、大陸、香港三個地點舉辦會議。參加的成員大都是師範體系的學者專家。大陸以負責編輯全國教科書的「人民教育出版社」的研究員呂達、張廷凱為主；香港以香港中文大學的教育學者黃顯華、李子健為主；台灣則以發起此研討會組織的歐用生教授，及其時任校長的國立台北師範學院的學者為主。擔任花蓮師範學院校長的陳伯璋，也受邀成為核心成員。

除了核心成員，大陸的華東、華南、華北、北京、南京、西北、東北、廣州等師範大學的學者，以及台灣的台師大、高師大，與香港其他師範大學的學者，也都常受邀共襄盛舉。「不過，大陸的地域觀念頗強，身為師範大學龍頭老大的北京師大，與身為課改基地、在課程發展上略勝一籌的華東師大，常互別苗頭。」研討會邀了其中一方，另一方就不肯出席。

由於此研討會集聚專家學者，長期討論課程問題，所以對三地的課程改革與發展卓有貢獻。「大陸在教改或課改上，很喜歡吸收台灣經驗，一來可以讓他們作為借鏡，避免犯下同樣的錯誤；二來也可以截長補短，做更大的發揮。」此外，台灣學者的國際觀與受到外來文化衝擊的深度，也是早期鮮少有機會出國的大陸學者，所企盼學習的。

而對台灣的學者來說，則可以藉此研討會，深入了解大陸教育在城鄉及沿海、內陸的落差，讓我們有個反省與改進的機會。

陳伯璋一行人曾受到大陸教育部基礎教育司邀請，向其司長陳述台灣的九年一貫課程改革內容與實施經驗。從大陸後來推展的課程改革，如能力本位、課程統整、課程因地制宜、課程決定權下放等「課程管理問題」，不難看出台灣九年一貫課程改革的影子。陳伯璋因此半開玩笑說：「這樣看來，九年一貫課程已登陸成功！」

另一個行之既久的兩岸學術交流是「教育社會學學會」的合作。大陸與台灣的教育社會學學會，每年輪流在兩岸聯合舉辦，迄今已有七、八年的歷史。既然是教育社會學，討論的議題就非常多元、活潑，甚至女性主義、同性戀等議題，都可以在會中暢所欲言。「我參加這個學會，是我指導的博士生引介的。他對於這類的活動很有興趣。他加入之後，大陸學者對他師出何門感到興趣，希望邀請他的老師入會，因此我才加入。」

「我們在教育社會學研究方面，大都從西方的思潮切入，這對於僅接觸毛澤東、蘇聯等社會學的大陸學者來說，頗具吸引力。」學會的成員，大陸方面早期是由廣州大學的張人傑教授擔任理事長，第二任則交棒給年輕有為的南京師大副校長吳康寧。「他栽培出許多專攻社會學的博士。」陳伯璋卸下花蓮師範學院校長一職後，曾應聘到南京師大講授教育社會學課程。

於蘭州參加兩岸三地課程論壇。（2003）

與南京師大教育科學院院長吳康寧（現為南京師大副校長）合影。（2001）

台灣的教育社會學學會，則由陳奎熹（台師大教授）擔任第一任理事長；林生傳（高師大教授）擔任第二任理事長；陳伯璋（台師大教授）擔任第三任理事長；張建成（台師大教授）擔任第四任理事長。

這些年來，他與大陸的學術交流足跡，幾乎踏遍了大江南北，連內蒙、新疆、海南島都去過，唯一沒去過的四川重慶，原本二〇一〇年的「兩岸三地課程研討會」，剛好選擇在那裡舉辦，但因他任職的國家教育研究院，刻正面臨預算審核，他只好與四川重慶失之交臂了！

台商子弟學校的創立與發展

陳伯璋在二〇〇〇年受東莞台商子弟學校之邀，擔任文教董事（夫人盧美貴教授也受聘為文教董事），二〇〇七年被遴選為副董事長，進一步參與核心決策。身為第一所在大陸成立的台商子弟學校，其間披荊斬棘、篳路藍縷的創校過程，非一般人所能想像。

台商陸續到大陸投資後，衍生出個人健康、婚姻關係，乃至子女教育的種種問題。一九九五年至一九九九年，當時的「東莞台商協會」會長葉宏燈，有鑑於台商聚居此地越來越多（約有四萬人左右），成立學校的需求更迫切。因此，從一九九五年起，成立「教育事業委員會」，以「公益辦學」性質號召兩岸相關人士建校。

「葉宏燈先生曾經沉痛地告訴我，他最常去探望台商的地方，不是醫院就是監獄。」隻身在此打拚的台商，若不是因為過於勞累又乏人照顧，最後病倒住進醫院，就是因為寂寞難耐而沉迷酒色，以致被關進監牢。「所以他立下宏願，要創辦一所台商子女學校，讓破碎家庭可以在這裡團圓，不必再兩地奔波。」子女有學校可念，眷屬就能舉家搬遷，從而解決台商與家人分隔兩地，所造成的婚姻與健康問題。

台商子弟學校董事會會後，中為董事長葉宏燈。（2001）

整個創辦的歷程大致可分為兩個階段：第一階段是取得大陸中央及地方當局的認可；第二階段則是獲得台灣教育部的支持與承認。創辦人葉宏燈曾在接受專訪時說道：「籌建東莞台商子弟學校的過程中，困難重重，包括政策面、資金、人手、經驗上，都很棘手。有人認為我們是痴人說夢，不可能成功。但每當走投無路時，都能峰迴路轉，另現生機。」

在大陸創立一所專供台商子弟就讀的學校，在政策及教育環境上本就困難重重。而且，台商子弟學校為了讓在此校念書的台灣子弟，日後依舊能銜接台灣的教育，決定使用台灣教材，以及台灣師資，甚至連校長也從台灣聘請過去，這更是難上加難。不僅大陸官方意見頗多，台灣的老師也不好找。尤其早期只要過去大陸教書，台灣的退休金及年資即停止，後來經過不斷地爭取，退休金及年資問題總算解決。

即使到大陸教書不影響老師們的權益，但當時的東莞像是一座未開發的荒城，沒有任何現代化建設。「我初到東莞時，遍地是碎石子路，車子顛顛簸簸開過去後，一路揚起漫天塵土。」在這樣一個尚未開發、建設的窮鄉僻壤，隻身離鄉背井的老師們，一遇到休假，簡直快被悶壞了！「所以那時的老師們都待不久。」所幸，隨著東莞的發展越來越現代化，甚至國際化，師資已不成問題。

董事會的董事們，受到創辦人葉宏燈無私奉獻的精神感召，全都自願無酬相

台商子弟學校開學典禮，與方炎明教授、劉奕權國教司長等人合影。（1997）

助，企業界的董事出錢出力，負責打點與大陸高層的關係；文教董事則貢獻專業與人脈。陳伯璋在東莞台商子弟學校，著力最多的除了課程規劃與師資培訓等專長外，還幫忙與國內的教育部斡旋。當時的教育部長楊朝祥，有感於此學校設立的必要性與迫切性，特撥款四、五千萬予以補助。「東莞台商子弟學校為了感謝楊朝祥部長，聘他為永久的榮譽董事。」

為了讓東莞台商子弟學校根扎得深，還能開枝散葉、永續發展，他們另外又成立「育苗教育基金會」，不定期舉辦中小學教育研討會、兩岸青年訪問團，及大陸各級領導訪問團，以拓展兩岸文教學術交流。「基金會的組織很完整，計畫也很周嚴，每年都會編列預算，安排大陸從鄉到鎮到省的各單位主管，到台灣進行交流訪問，以培養與大陸官方的良好關係。」

另一方面，為了台商子弟在大陸的升學前途，他們也與大陸各重點大學建立友好關係。東莞台商子弟學校不僅嘉惠台商子弟，對大陸當地教育，也發揮了正面影響力。「許多大陸中小學，視東莞台商子弟學校為典範，經常派人到這裡觀摩學習。」

教育部有感於葉宏燈對台商及其子女教育的貢獻，由後來的教育部長黃榮村，頒授至高榮譽的一等教育文化獎章給他。

陳伯璋與大陸教育界的互動還不僅於此，前幾年，恢復單純的教授身分之後，他曾應致遠管理學院董事長蔡清淵之邀，與前教育部長楊朝祥，計畫在廈門郊區，設立一所從小學到高中的國際學校，以及泉州輕工業學院、職業技術教育諮詢顧問公司。但因他於二〇〇七年被延攬擔任國家教育研究院籌備處主任，而楊朝祥擔任考選部部長，使得這些計畫不得不暫時停擺。

陳伯璋認為，未來，大陸不僅工商業、科技業將繼續發展，教育也有很大的發揮空間，「用教育統一中國」雖是他的一句玩笑話，但總比武力讓人心悅誠服！

第七章　展望未來

教育的期許與前瞻

陳伯璋衷心期望，國家教育研究院能於二〇一〇年七、八月前（也就是他借調結束前）正式成立。成立後，他就可以瀟灑地揮揮衣袖，功成身退往兩岸的文教交流繼續貢獻。不過，畢竟已共同奮鬥近兩年，對教研院淬鍊出的革命情感，使他不由得對未來的首任院長有幾項殷殷寄盼：「除了朝既定的方向繼續前進，希望能擬定『合聘教授』或『特約研究員』等計畫，廣邀國內外卓越的研究人才。」

「新加坡的『課程研究發展署』組織，即向國際敞開大門，積極地迎進國際一流人才。」他豔羨地說。而大陸目前已有十多所大學實施所謂的「教育特區」，邀集國外優秀、頂尖的人才，到大陸的大學從事教學、研究；同時，這些人才完全不必接受評鑑、升遷考核，也沒有升等的壓力。「看人家無所不用其極搶人才，我們卻用一大堆評鑑、考核制度，甚至政治意識型態，把人才阻擋在門外。」他不禁憂心，再這樣下去，台灣將越來越缺乏高等教育的人才。

除了設法廣邀國外的優秀人才，對於國內一些年高德劭、專業素養崇隆的退休學者，他認為應該以「特約研究員」的方式，聘請他們繼續貢獻其智慧與經驗，「用他們的潛在能力，提供年輕後進可貴的建言。」

最後，為了維持學術的客觀、超然與獨立，「教育研究院要落實自己的研究方案，千萬不要淪為政策的橡皮圖章！」

也許，這份公職對他來說，真的是老兵的最後一役。但是，這位教育界老兵，對於教育的關注與熱情卻絲毫未減。無論是台灣本身或兩岸的教育、學術，他仍有許多的期待與展望。

「首先，希望未來的教育，朝著現任教育部長吳清基所提倡的『快樂的學習』發展。」當然，要讓學生快樂的學習，在最根本的升學考試設計上，一定要有所突破。「免試升學及學區化，都是可行的。」其次，「落實『教育的公平性』。」他認為，目前台灣社會已達「表面上的機會均等」，見到不符合社會正義的事，都會加以批判、撻伐；對於弱勢者的教育，政府也已經開始關注與支持，「但在深度及廣度上，仍須再強化與落實。」

另外，目前的教育仍以傳統的「學校教育」（schooling）為正道，反體制的「非學校教育」（deschooling），被視為離經叛道，無法契合台灣升學主義教育的模式。但他認為，教育系統應該有各種可能性，教育不應該僅局限在學校內、教室中進行。理念學校如果被認為太過浪漫，至少還有另一種可能，那就是結合體制內與體制外的「新學校教育」（reschooling）。「教育系統唯有更寬廣、多元，才能解決未來日趨複雜的教育問題，以及符應社會變遷之所需。」

除了體制內與體制外的改變，學校教育的變革，甚至還有實體與虛擬的區別。「人類的學習不全然在實體學校中，國外對於在虛擬學校所修得的學分也越來越開放。」虛擬學校即線上（online）學習，同時，一年大約去學習中心（或學校）兩、三個月，接受老師面對面的授課。「網路建構出另一種學習系統。目前，線上學習幾乎是無政府狀態，如果政府不能接納它，並好好規範與規劃，將會產生反教育的現象。」

退休之路海闊天空

在兩岸的教育方面，他從十多年的接觸經驗中悟出，良性互動與交流，不僅是時勢所趨，對雙方也是利多於弊。「台灣的教育目前仍有很深的意識型態，或許國內對立的『本土化』與『中國情結』，可以從教育去化解開。」未來，陳伯璋希望，兩岸能建立合作共識，並擴大教育發展、學術合作的機會與空間。例如教育人才的交流與互聘，及雙方的學歷認證等。「站在雙方都是『華人』的位置上，不但能沖淡彼此的敵對氣氛，也較能促使雙方一起為整體華人的利益，以及東亞文化的發展，攜手合作。」

另外，可藉由「教育學術社群」（如他所參加的兩岸「教育社會學學會」與「課程與教學學會」）的交流，一起進行跨文化研究；台灣本身也應做一些超越地域化、區域性，及非意識型態的「本土文化研究」。「藉著『本土文化研究』，找出自己的獨特文化，並將之發揚光大，而不要總是屈身為他國學術、文化的殖民地。」

至於自己往後的生涯規劃，他所描繪的藍圖是：「卸下公職後，我要重新當個自由人，回到悠哉悠哉的退休狀態。」悠哉悠哉的生活樣貌包括：做自己想做的研究、參加國內外學術活動與交流、陪妻子遊山玩水，以及到法鼓山當義工，協助法鼓大學的發展，以完成聖嚴法師的遺願。

陳伯璋有興趣的研究諸如：「課程美學」、「體制外學校（理念學校）的變革」等。「我們一向對傳統的學校體制過度依賴，對學校以外的教育系統缺乏想像的空間。未來要解決教育問題，絕不能僅從學校體制下手。」這類屬於「frontier」型態的研究，大陸稱之為「學術前沿」的研究。「這也是我一向喜歡做的事。」在觀念上傾向於改革、批判，但是行事作風卻又溫和、中庸的他，自嘲：「就像一個精神分裂的人！」

「多陪陪妻子（老公）！」是多年來聚少離多，相隔兩地的陳伯璋夫妻倆退休後的心願與承諾。妻子盧美貴教授承諾，她會多多下廚，烹煮另一半喜歡吃的菜餚；而他也希望滿足另一半的心願，帶著她四處悠遊。落櫻紛飛時，在櫻花樹下重溫才子佳人的美麗邂逅；楓葉片片時，在楓紅深處攜手款款而行，喁喁細語，一同迎向人生最多姿多采、豐盈和煦的夕陽。

〈附錄〉大事年表

一九四八年（民國三十七年），一歲

國曆九月二十九日，生於屏東南州糖廠員工宿舍。

一九五五年（民國四十四年），七歲

・進入屏東縣潮洲國小就讀。（之後隨著父親的工作，轉學至屏東縣四林國小、屏東市大同國小及屏東市中正國小各讀一學年。）

一九五九年（民國四十八年），十一歲

・小學五年級，轉入高雄市鹽埕國小就讀。

一九六一年（民國五十年），十三歲

・考上市立二中（後改名為「前金國中」）。

一九六四年（民國五十三年），十六歲

・考上高雄中學（高雄第一志願高中）。

一九六七年（民國五十六年），十九歲

・九月，考上台灣師範大學教育學系就讀。一九七一年九月至一九七二年七月在台東師專實習一年後，獲得師大畢業證書。

一九七二年（民國六十一年），二十四歲

・服預官役兩年，抽到「上上籤」——海軍陸戰隊。之後考上政戰官，改分發到左營的陸戰隊士官學校擔任教官至退伍。

一九七四年（民國六十三年），二十六歲

・六月，與學妹盧美貴小姐結婚。

・九月，進入台灣師範大學教育研究所碩士班就讀，於一九七七年七月獲取碩士學位。

・擔任教育研究所專任研究助理，所長為黃昆輝教授。

一九七六年（民國六十五年），二十八歲

・五月五日喜獲麟兒，取名子軒。

一九七八年（民國六十七年），三十歲

・九月，繼續深造台灣師範大學教育研究所博士班，於一九八五年七月獲取博士學位。

・擔任台灣師範大學教育系講師。

一九八〇年（民國六十九年），三十二歲

・八月至翌年七月，赴美國密蘇里大學教育研究所研究一年。

一九八五年（民國七十四年），三十七歲

・二月起至一九九一年七月，改聘為台灣師範大學教育學系副教授。
・九月至翌年八月，赴英國倫敦大學教育研究所博士後研究一年。

一九八七年（民國七十六年），三十九歲

・八月，於日本東京，參加第二十六屆日本教師全國教育研究大會，發表論文〈中華民國教師理想形象與師資培育〉。
・八月，於韓國漢城（二○○五年改名首爾），參加中韓教師研討會，發表論文〈社會變遷下的兒童教育〉。

一九八八年（民國七十七年），四十歲

・擔任師大進修部副主任一年後，改聘為主任至一九九三年。

一九九一年（民國八十年），四十三歲

・八月，至一九九三年十一月，升任為台灣師範大學教育學系教授。

一九九二年（民國八十一年），四十四歲

・四月，參加我國「日韓師範教育考察」。
・八月，於美國華盛頓，參與亞太經濟合作會議（APEC）第一屆教育部長會議——「邁向二十一世紀教育標準」研討會。

一九九三年（民國八十二年），四十五歲

・十一月，獲聘為花蓮師範學院校長，並續聘一任，二○○○年八月卸任。

一九九四年（民國八十三年），四十六歲

・六月父親過世，享年六十九歲。

一九九八年（民國八十七年），五十歲

・一月，於福建廈門，參加兩岸大學教育學術研討會，發表論文〈師範校院通識課程之檢討〉。

・三月，參加海峽兩岸兒童人格建構研討會，發表論文〈後現代社會兒童教育的重要議題〉。

・十一月，於廣東珠海，參加邁向二十一世紀基礎教育課程教材改革學術研討會，發表論文〈邁向新世紀的課程改革〉。

一九九九年（民國八十八年），五十一歲

・三月，於中華民國台灣，參加亞太地區課程改革國際學術研討會，發表論文〈九年一貫課程的理念、內涵與評析〉。

二〇〇〇年（民國八十九年），五十二歲

・八月起，改聘為花蓮師範學院多元所教授至二〇〇一年七月。

・八月，於長春：東北師範大學，參加兩岸三地基礎課程學術研討會，發表論文〈學校本位課程發展之理念與實踐〉。

・十月，於武漢：華中科技大學，參加兩岸三地科技教育與創新國際學術研討會，發表論文〈學校本位的網路教學革新〉。

二〇〇一年（民國九十年），五十三歲

・八月，返台灣師範大學教育學系擔任教授，至二〇〇二年七月退休。

・十月，於南京師範大學，參加基礎教育及教師培育國際學術研討會，發表論文「課程改革的合理性評析」。

二〇〇二年（民國九十一年），五十四歲

・八月，應聘至淡江大學，擔任教育政策與領導研究所教授，暨高等教育研究中心主任。兩年後轉任淡江大學教育學院院長至二〇〇七年七月。

二〇〇七年（民國九十六年），五十九歲

・八月，應聘至致遠管理學院教育研究所，擔任講座教授至二〇〇八年七月。

二〇〇八年（民國九十七年），六十歲

・八月，借調擔任國家教育研究院籌備處主任迄今。

著作年表

一、期刊論文

1、陳伯璋（1990）。師範教育的「迷失」與「反思」。**人本教育札記，7，10-13。**

2、陳伯璋（1990）。義務教育的合理行與合法性評析。**人本教育札記，11，24-27。**

3、陳伯璋（1990）。課程評鑑的新典範——「自然探究」（Natural inquiry）模式淺介。**現代教育，5。**

4、陳伯璋（1990）。美國中小學社會學科課程發展。**教育資料文摘，26（3）。**

5、陳伯璋（1990）。社會變遷下的兒童教育。**教育家，5（1、2）。**

6、陳伯璋（1991）。我國第九次國小課程標準修訂之析論。**台灣教育，497，32-35。**

7、陳伯璋（1993）。師範學院成立進修學院可行性之研究。**教育研究資訊，1（2），43-53。**

8、陳伯璋（1993）。邁向精緻合理化的教育政策。**學術演講專輯，九輯，82-85。**
9、陳伯璋（1994）。人文與精緻教育的理念。**花師月刊，9-10，4-7。**
10、陳伯璋（1994）。人文教育的課程發展。**北縣教育，2，26-27。**
11、陳伯璋（1995）。中等學校教師修習教育專業科目及其學分之研究。**教育研究資訊，3（2），27-44。**
12、陳伯璋（1995）。學習社會中的學校教育改革。**台灣教育，239，10-13。**
13、陳伯璋（1996）。我國中小學課程統整與連貫之檢討。**台灣教育月刊。**
14、陳伯璋（1996）。教育改革與師資培訓制度之省思。**師大校刊，299，22-27。**
15、陳伯璋（1996）。師範院校之定位發展與教育學程設置之檢討。**教改通訊，17-18，12-18。**
16、陳伯璋（1996）。人的異化與解放：佛洛姆（Erich Fromm）的《馬克思關於人的概念》（涂紀亮、張慶態譯），**南方雜誌，9。**
17、陳伯璋、牟中原（1996）。原住民教育。**教改通訊，21，13-16。**
18、陳伯璋（1997）。原住民課程發展模式及其應用。**課程與教學季刊，1（2），1-14。**
19、陳伯璋（1998）。能力分班的迷思。**文教短評。國立教育廣播電台編印，29-31。**
20、陳伯璋（1998）。失恃的教科文預算。**文教短評。國立教育廣播電台編印36-38。**

21、陳伯璋（1997）。師資培育多元與教師專業素養。**文教短評**。國立教育廣播電台編印51-54。

22、陳伯璋（1998）。另類的教育學習。**文教短評**。國立教育廣播電台編印。64-66。

23、陳伯璋（1998）。原住民教育問題研究規劃。**科學發展月刊**，26（6），682-685。

24、陳伯璋（1999）。九年一貫新課程綱要修訂的背景與內涵。**教育研究資訊雙月刊**，7（1），1-13。

25、陳伯璋、薛曉華（2002）。大學理念的知識觀反思與大學實體的社會建構——一種對「大學」的知識社會學反省。**思與言**，40（4），51-113。

26、陳伯璋（2002）。學校本位經營的理念與實務。台北：高等教育出版社。

27、歐用生、陳伯璋主編（2003）。課程與教學的饗宴。高雄：復文圖書公司。

28、陳伯璋（2003）。新世紀的課程研究與發展。**國家政策季刊**，2（3），149-167。

29、陳伯璋（2003）。大學整併的省思與前瞻。**文教新潮**，8（4），1-9。

30、陳伯璋、侯永琪（2003）美國大學學術聲譽排名指標之研究——以「美國新聞與世界報導」為例。**教育研究**，116，頁77-96。

31、陳伯璋（2004）。新世紀的課程研究與發展。**國家政策季刊**，2（3），149-167。

二、專書

1、陳伯璋（1990）。教育研究方法的新取向。台北：南宏。
2、陳伯璋、盧美貴（1990）。開放教育。台北：師大書苑。
3、陳伯璋（1995）。社會正義與教育。行政院教改會。
4、陳伯璋、單文經等（1995）。教育概論。台北：國立空中大學。
5、陳伯璋（1998）。能力分班的迷思。載於文教短評。國立教育廣播電台編印，29-31。
6、陳伯璋（1998）。失恃的教科文預算。載於文教短評。國立教育廣播電台編印，36-38。
7、陳伯璋（1998）。師資培育多元與教師專業素養。載於文教短評。國立教育廣播電台編印，51-54。
8、陳伯璋（1998）。另類的教育學習。文教短評。國立教育廣播電台編印。64-66。
9、陳伯璋（2001）。新世紀課程改革的省思與挑戰。台北：師大書苑。
10、陳伯璋（2001）。新世紀教育發展的回顧與前瞻。高雄：麗文文化公司。
11、陳伯璋、許添明主編（2002）。學校本位經營的理念與實務。台北：高等教育出版社。

12、歐用生、陳伯璋主編（2003）。課程與教學的饗宴。**高雄：復文圖書公司。**
13、陳伯璋（2005）。台灣高等教育的發展與改革。**載於陳伯璋、蓋浙生（主編），新世紀高等教育政策與行政。台北：高等教育。**
14、陳伯璋（2005）。學術資本主義下台灣教育學門學術評鑑制度的省思。**載於陳伯璋、蓋浙生（主編），新世紀高等教育政策與行政。台北：高等教育。**
15、陳伯璋、黃光雄、歐用生主持（2007）。國民中學一綱多本教科書政策實施之研究。**台北：中華民國教材研究發展學會。**
16、陳伯璋、張盈堃主編（2007）。學校教師的生活世界：批判教育學的在地實踐。**台北：師大書苑。**

三、研討會論文

1、陳伯璋（1986）。學群課程的理論與實踐。**我國人文教育科際整合的現況與展望研討會，台北。**
2、陳伯璋（1986）。英國教學法發展新趨勢。**各國教學法新趨勢研討會。**
3、陳伯璋（1987）。我國理想教師形象與師資培育。**全國教師教育研討大會。**
4、陳伯璋（1987）。社會變遷下的兒童教育。**中韓教師研討會。**

5、陳伯璋（1989）。邁向二十一世紀的教育發展。**邁向二十一世紀：「問題、議點、方向」研討會**。

6、陳伯璋（1990）。社會變遷中我國大學教育的「解構」。**二十一世紀我國高等教育的發展趨勢研討會**。

7、陳伯璋（1990）。台灣四十年國民教育的發展之反省與檢討。**光復後台灣地區經驗研討會**。

8、陳伯璋（1992）。大學課程結構知識社會學分析。**大學教育學術研討會**。

9、陳伯璋（1992）。希望工程的源起與發展。**「希望工程」座談會**。

10、陳伯璋（1993）。教育革新與潛在課程。**教學革新、學習環境與學校建築轉型研討會**。

11、陳伯璋（1995）。我國教育研究之檢討與展望。**「分析社會的方法」學術研討會**。

12、陳伯璋（1997）。教育改革與社會正義。**學術改革與國家發展學術研討會論文集**。

13、陳伯璋（1998）。後現代社會兒童教育的重要議題。**海峽兩岸兒童人格建構研討會**。

14、陳伯璋（1998）。邁向新世紀的課程改革——台灣九年一貫新課程綱要評析。**亞太地區課程改革國際學術研討會**。

15、陳伯璋（1999）。師資培育機構訪評對教育實習工作之啟示。**新制教育實習輔**

導研究發展與工作研討會。

16、陳伯璋（1999）。九年一貫課程的理念、內涵與評析。**亞太地區課程改革國際學術研討會。**

17、陳伯璋（1999）。從近年來課程改革談教師角色的再定位。**課程改革與教師角色研討會。**

18、陳伯璋（1999）。九年一貫課程的理念與理論分析。**九年一貫課程系列研討會。**

19、陳伯璋（2002）。全球化時代的時代改革：現實與理想。**香港教育研究學會2002年國際研討會。科學月刊。**

20、陳伯璋、薛曉華（2002）。知識轉型與大學理念的反思：兼論全球化「疆界拆解」的變遷與挑戰。**台灣高等教育的省思學術研討會。台北：思與言人文與社會科學雜誌。**

21、陳伯璋（2002）。知識之城：論我國大學角色與功能的再定位。**九十一學年度教學與行政革新研討會。**

22、陳伯璋、吳明清（2002）。中小學課程改革。**國政研討會。台北：群策會。**

23、陳伯璋（2003）。大學整併的省思與前瞻。**海峽兩岸二十一世紀初高等教育改革與發展學術研討會。**

24、陳伯璋（2003）。全球化挑戰中人文教育的重建。**第十屆張昭鼎紀念研討會——**

科學與教育。

25、陳伯璋、侯永祺（2003）。美國大學學術聲譽排名指標之研究：以「美國新聞與世界報導」為例。**大學院校品質指標建立之理論與實際學術研討會。**

26、陳伯璋（2003）。課程實踐智慧與課程領導。**課程領導與課程評價的理論與實施學術研討會。**

27、陳伯璋（2003）。大學學術社群與教育改革——知識與權力的論述。**中華高等教育改革國際學術研討會。**

28、陳伯璋（2004）。新世紀課程研究之趨勢。**第四次全國課程學術研討會暨中國教育學會學分會課程專業委員會第二屆第一次年會。**

29、陳伯璋（2002）。知識之城——論我國大學角色與功能的再定位。**發表於淡江大學「九十一學年度教學與行政革新研討會」。台北：淡江大學。**

30、陳伯璋、吳明清（2002）。中小學課程改革。**發表於群策會「國政研討會」。台北：福華文教會館。**

31、陳伯璋、薛曉華（2002）。知識轉型與大學理念的反思：兼論全球化「疆界拆解」的變遷與挑戰。**發表於思與言人文與社會科學雜誌、行天宮文教發展促進基金會合辦「台灣高等教育的省思——慶祝《思與言人文與社會科雜誌》創社四十週年」學術研討會。台北：行天宮。**

32、陳伯璋（2002）。全球化時代的教育改革：現實與理想。發表於「香港教育研究學會二〇〇二年國際研討會」。

33、陳伯璋、侯永琪（2003）。美國大學學術聲譽排名指標之研究：以「美國新聞與世界報導」為例。發表於淡江大學「大學院校品質指標建立之理論與實際」學術研討會。台北：淡江大學。

34、陳伯璋（2003）。全球化挑戰中人文教育的重建。發表於張昭鼎紀念基金會、科學月刊社暨陽明大學合辦「第十屆張昭鼎紀念研討會——科學與教育」。台北：台灣大學。

35、陳伯璋（2003）。實踐智慧（phronesis）與校長課程領導。發表於蘭州市西北師範大學「課程領導與課程評價的理論與實施」學術研討會暨第五屆兩岸三地課程理論研討會。

36、陳伯璋（2003）。大學整併的省思與前瞻。發表於桂林電子工業學院高教所海峽兩岸學術教育交流——「海峽兩岸二十一世紀初高等教育改革與發展」學術研討會。

37、陳伯璋（2003）。大學學術社群與教育改革—知識與權力的論述。發表於中華高等教育改革國際學術研討會。

38、陳伯璋、鄭勝耀（2004）。台灣教育改革的省思。發表於第四十八屆CIES學術研討會。美國：鹽湖城。

39、陳伯璋、宋玫玫（2004）。美國大學治理之影響因素——兼談現代大學的新挑戰。發表於「大學卓越政策之檢討與展望」兩岸學術研討會。

40、陳伯璋、侯永琪（2004）。我國大學學術聲譽與學門排名研究實施之比較：資料蒐集之檢討與反省。發表於「二十一世紀高等教育的挑戰與回應」學術研討會。

41、陳伯璋（2004）。新世紀課程研究之趨勢。發表於「第四次中國課程學術研討會」。

42、陳伯璋（2004）。學術資本主義下台灣教育學門學術評鑑制度的省思。發表於「反思台灣的（人文及社會）高教學術評鑑研討會」。台北：國家圖書館。

43、陳伯璋（2004）。我國大學分類、排名與評鑑的省思。發表於「我國高等教育的美麗境界」研討會。台北：台灣師範大學。

44、陳伯璋（2005）。全球化挑戰下大學卓越政策之省思。發表於輔仁大學「大學的原創精神與未來展望」研討會，九十四年九月。台北：輔仁大學。

45、陳伯璋（2006）。解放的場所與實踐——批判教育學的關懷。發表於南華大學「批判教育學學術研討會」。嘉義：南華大學。

四、出版之研究報告

1、陳伯璋（協同研究）（1979）。電視影響兒童認知和發展之研究。**國科會**。

2、陳伯璋（協同研究）（1979）。國小資賦優異兒童縮短修業年限教育制度之研究。**國科會**。

3、陳伯璋（協同研究）（1979）。我國小學公民教育內含與實施成效之研究。**國科會**。

4、陳伯璋（協同研究）（1981）。電視影響兒童社會學習之研究。**國科會**。

5、陳伯璋（主持人）（1991）。「發展與改進原住民教育五年計畫」師資培育進修組。**教育部**。

6、陳伯璋（主持人）（1992）。國小、國中、高中社會學科統整模式研究。**教育部**。

7、陳伯璋（主持人）（1992）。國民小學社會學科課程統整架構研究。**教育部**。

8、陳伯璋（主持人）（1992）。師範院校成立進修學院可行性研究。**教育部**。

9、陳伯璋（主持人）（1993）。中等學校教師進修教育專業科目及其學分之研究。**教育部**。

10、陳伯璋（主持人）（1993）。五專社會科學概論課程標準修訂研究。**教育部**。

11、陳伯璋（主持人）（1993）。台灣省高職社會科學概論實施成效調查研究。**台灣省教育廳**。

12、陳伯璋（協同主持人）（1993）。國民中學教師生涯能力發展之研究。**教育部**。

13、陳伯璋（主持人）（1993）。高職社會科學概論的實施、教材編撰及修訂研究。**教育部**。

14、陳伯璋（主持人）（1994）。中等學校教師修習教育專業科目及其學分之研究。**教育部**。

15、陳伯璋（協同主持人）（1994）。中小學教師生涯進階與等級劃分可行性之研究。**教育部**。

16、陳伯璋（協同研究員）（1994）。台北市幼稚園與國小一年級教學銜接之研究。**台北市政府教育局**。

17、陳伯璋（主持人）（1995）。中小學教師在職進修研究。**教育部**。

18、陳伯璋（主持人）（1995）。高級中學社會科課程標準草案研究。**教育部**。

19、陳伯璋（主持人）（1995）。師範院校通識課程架構之研究。**教育部。**

20、陳伯璋（主持人）（1995）。學前至高中階段課程與教材主要問題研究。**行政院教改會。**

21、陳伯璋（主持人）（1996）。國民小學教師在職進修內涵與進修體系規劃研究。**教育部。**

22、陳伯璋（主持人）（1996）。教育學門內容規劃之研究。**國科會NSC-84-2745-H-026-001。**

23、陳伯璋（主持人）（1996）。原住民課程發展模式其理論基礎之探討。**教育部。**

24、陳伯璋（主持人）（1997）。國小教師專業成長行動研究。**教育部。**

25、陳伯璋（主持人）（1997）。學校本位的教師專業發展活動之協同行動研究。**教育部。**

26、陳伯璋（主持人）（1997）。原住民教育問題研究規劃。**國科會NSC-006824860081。**

27、陳伯璋（主持人）（1997）。國民小學原住民課程與教材規劃研究（第二年研究）。**教育部。**

28、陳伯璋（主持人）（1998）。國中小課程綱要研訂。**教育部。**

29、陳伯璋（主持人）（1998）。學校本位經營之理論與實踐：以花蓮縣教育為例。**國科會。**

30、陳伯璋（主持人）（1998）。原住民民族教育內涵與實施規劃。**行政院原住民委員會。**

31、陳伯璋（主持人）（1998）。國民教育階段課程綱要研發計畫——本國語文領域。**教育部。**

32、陳伯璋（分項計畫主持人）（2000）。學習教育科技——社會主學習。**教育部卓越計畫。**

33、陳伯璋（主持人）（2001）。國民中小學教學專業發展之研究。**李連教育基金會。**

34、陳伯璋（主持人）（2001）。人文教育之推動與落實。**法鼓山人文社會獎助學術基金會。**

35、陳伯璋（主持人）（2002）。國中人文社會科學領域教師課程意識與教學實踐之研究——國中人文社會科學領域教師課程意識與教學實踐之研究。**國科會NSC91-2413-H-003-043-FB。**

36、陳伯璋（主持人）（1999-2003）。「學習科技研究計畫——主動社會學習及其應用——從台灣到全世界」分項計畫三——任務式學習。**教育部。**

37、陳伯璋（主持人）（2003年3月～2003年9月）。實施十二年國民教育理論基礎及比較研究。**教育部中教司**。

38、陳伯璋（主持人）（2003）。教育改革的論述、實踐與反省——知識轉型、社會階級、課程改革實踐與教師角色（I）。**國科會NSC92-2413-H-032-008-FG**。

39、陳伯璋（共同主持人）（2003）。國中人文社會科學領域教師課程意識與教學實踐之研究——國中人文社會科學領域教師課程意識與教學實踐之研究。**國科會NSC92-2413-H-003-040-FB**。

40、陳伯璋（主持人）（2004）。實施十二年國民教育理論基礎及比較之研究。**教育部中教司**。

41、陳伯璋（主持人）（2004年8月～2005年7月）。教育改革的論述、實踐與反省——知識轉型的課程內容屬性與教師實踐（II）。**國科會93-2413-H-032-011-FG**。

42、陳伯璋（共同主持人）（2004年8月～2005年7月）。多元智能本土化課程建構。**國科會93-2413-H-274-001-**。

43、陳伯璋（主持人）（2005年8月～2006年7月）。課程研究典範建構的新取向：論課程美學探究的必要性及其限制。**國科會94-2413-H-032-011-**。

44、陳伯璋（主持人）（2005年12月～2006年11月）。界定與選擇國民核心素養：概念參考架構與理論基礎研究——子計畫三：全方位的國民核心素養之教育研究（1/2）。國科會94-2511-S-032-001-。

45、陳伯璋（主持人）（2006年12月～2007年11月）。界定與選擇國民核心素養：概念參考架構與理論基礎研究——子計畫三：全方位的國民核心素養之教育研究（2/2）。國科會NSC95-2511-S-032-001-。

46、陳伯璋（共同主持人）（2005年12月～2006年11月）。界定與選擇國民核心素養：概念參考架構與理論基礎研究——總計畫（1/2）。國科會94-2511-S-010-001-。

47、陳伯璋（共同主持人）（2006年12月～2007年11月）。界定與選擇國民核心素養：概念參考架構與理論基礎研究——總計畫（2/2）。國科會95-2511-S-010-001-。

48、陳伯璋（主持人）（2007年8月～2009年12月）。課程美學研究的批判與實踐（2年）。國科會96-2413-H-434-001-NY2。

五、期刊編輯

1、Editor, Educational Research of Information（教育研究資訊雙月刊主編）。

2、Editor & Publisher, International Journal of the Humanities（國際人文年刊主編及出版者）。

3、國立台灣師範大學教育研究所集刊編輯委員。

4、台灣教育社會學刊編輯委員。

5、教科書研究編輯委員。

學術服務

1、行政院教育改革審議會委員（1996～1998）

2、行政院教育改革行動推動小組委員（2000～2002）

3、行政院大陸事務委員會諮詢委員（1999～2001）

4、行政院原住民事務諮議委員（1999～2001）

5、教育部師資培育審議委員會委員（1997～2000）

6、教育部私立學校諮議委員會委員（1998～2000）

7、教育部九年一貫課程修訂委員會副總召集人（1998～2000）

8、教育部國民小學、國民中學、高級中學課程標準綱要修訂委員（1992～1995）

9、行政院原住民族教育法研修小組召集人（1996～1997）

10、原住民族教育法實施細則研訂小組委員（1998～1999）

11、中華民國教育學會理事（1997～）

12、中華民國比較教育學會理事（1998～）

13、中華民國師範教育學會理事（2002～）

14、中華民國台灣原住民學會理事長（2000～2002）

15、台灣教育社會學學會理事長（2004～2006）

16、台灣高等教育學會理事長（2010～）

榮譽

1、全國教育學術團體聯合年會木鐸獎（1984.12）
2、全國教育學術團體聯合年會木鐸獎（2001.12）
3、全國教育學術團體聯合年會木鐸獎（2009）
4、全國教育學術團體聯合年會服務獎（1991.12）
5、行政院國科會研究獎助甲等（1988～1990年，1999）
6、行政院國科會研究獎助優等（1991～1993）

國家圖書館預行編目資料

寧靜致遠——教育者之師陳伯璋／魏柔宜著 陳伯璋審訂.-- 初版.--臺北市: 寶瓶文化,2010.05 面； 公分.--(Vision；086)
ISBN 978-986-6249-06-8（平裝）

1.陳伯璋 2.教育家 3.臺灣傳記
520.9933 99005887

Vision 086

寧靜致遠——教育者之師陳伯璋

作者／魏柔宜
審訂／陳伯璋
策畫／高新建

發行人／張寶琴
社長兼總編輯／朱亞君
主編／張純玲・簡伊玲
編輯／施怡年
美術主編／林慧雯
校對／施怡年・陳佩伶・余素維
企劃副理／蘇靜玲
業務經理／盧金城
財務主任／歐素琪 業務助理／林裕翔
出版者／寶瓶文化事業有限公司
地址／台北市110信義區基隆路一段180號8樓
電話／(02)27494988 傳真／(02)27495072
郵政劃撥／19446403 寶瓶文化事業有限公司
印刷廠／世和印製企業有限公司
總經銷／大和書報圖書股份有限公司 電話／(02)89902588
地址／台北縣五股工業區五工五路2號 傳真／(02)22997900
E-mail／aquarius@udngroup.com
版權所有・翻印必究
法律顧問／理律法律事務所陳長文律師、蔣大中律師
如有破損或裝訂錯誤，請寄回本公司更換
著作完成日期／二〇一〇年
初版一刷日期／二〇一〇年五月
初版二刷日期／二〇一〇年五月七日
ISBN／978-986-6249-06-8
定價／二八〇元

Copyright©2010 by Chen P0-Chang
Published by Aquarius Publishing Co., Ltd.
All rights reserved.

AQUARIUS 寶瓶 文化事業

愛書人卡

感謝您熱心的為我們填寫，
對您的意見，我們會認真的加以參考，
希望寶瓶文化推出的每一本書，都能得到您的肯定與永遠的支持。

系列：Vision086　**書名：寧靜致遠——教育者之師陳伯璋**

1. 姓名：＿＿＿＿＿＿＿＿　性別：□男　□女
2. 生日：＿＿年＿＿月＿＿日
3. 教育程度：□大學以上　□大學　□專科　□高中、高職　□高中職以下
4. 職業：＿＿＿＿＿＿＿
5. 聯絡地址：＿＿＿＿＿＿＿＿＿＿＿＿＿＿＿＿＿＿＿＿＿

   聯絡電話：＿＿＿＿＿＿＿＿　手機：＿＿＿＿＿＿＿＿
6. E-mail信箱：＿＿＿＿＿＿＿＿＿＿＿＿＿＿＿＿

   □同意　□不同意　免費獲得寶瓶文化叢書訊息
7. 購買日期：＿＿年＿＿月＿＿日
8. 您得知本書的管道：□報紙／雜誌　□電視／電台　□親友介紹　□逛書店　□網路

   □傳單／海報　□廣告　□其他
9. 您在哪裡買到本書：□書店，店名＿＿＿＿＿　□劃撥　□現場活動　□贈書

   □網路購書，網站名稱：＿＿＿＿＿＿　□其他＿＿＿＿＿
10. 對本書的建議：（請填代號　1. 滿意　2. 尚可　3. 再改進，請提供意見）

    內容：＿＿＿＿＿＿＿＿＿＿＿＿

    封面：＿＿＿＿＿＿＿＿＿＿＿＿

    編排：＿＿＿＿＿＿＿＿＿＿＿＿

    其他：＿＿＿＿＿＿＿＿＿＿＿＿

    綜合意見：＿＿＿＿＿＿＿＿＿＿＿＿＿＿＿＿＿＿＿＿＿＿＿＿＿＿
11. 希望我們未來出版哪一類的書籍：＿＿＿＿＿＿＿＿＿＿＿＿＿＿＿

讓文字與書寫的聲音大鳴大放

寶瓶文化事業有限公司

（請沿此虛線剪下）

廣　告　回　函
北區郵政管理局登記
證北台字15345號
免貼郵票

寶瓶文化事業有限公司　　收

110台北市信義區基隆路一段180號8樓

8F,180 KEELUNG RD.,SEC.1,

TAIPEI.(110)TAIWAN R.O.C.

（請沿虛線對折後寄回，謝謝）